Homosexuelle im Nationalsozialismus

**Zeitgeschichte
im Gespräch
Band 18**

Herausgegeben vom
Institut für Zeitgeschichte

Redaktion:
Bernhard Gotto, Andrea Löw
und Thomas Schlemmer

Homosexuelle im Nationalsozialismus

Neue Forschungsperspektiven zu
Lebenssituationen von lesbischen,
schwulen, bi-, trans- und intersexuellen
Menschen 1933 bis 1945

Herausgegeben von
Michael Schwartz

DE GRUYTER
OLDENBOURG

ISBN 978-3-486-74189-6
eISBN 978-3-486-85750-4
ISSN 2190-2054

Bibliografische Information der Deutschen Nationalbibliothek
Die Deutsche Nationalbibliothek verzeichnet diese Publikation in der Deutschen
Nationalbibliografie; detaillierte bibliografische Daten sind im Internet über
http://dnb.dnb.de abrufbar.

Library of Congress Cataloging-in-Publication Data
A CIP catalog record for this book has been applied for at the Library of Congress.

© 2014 Oldenbourg Wissenschaftsverlag GmbH
Rosenheimer Straße 143, 81671 München, Deutschland
www.degruyter.com
Ein Unternehmen von De Gruyter

Titelbild: Häftlingsappell im KZ Buchenwald; United States Holocaust Memorial
Museum, Courtesy of Robert A. Schmuhl (Foto 10105)
Einbandgestaltung: hauser lacour

Gedruckt in Deutschland
Dieses Papier ist alterungsbeständig nach DIN/ISO 9706

Inhalt

I. Einführung

Jörg Litwinschuh und Andreas Wirsching
Vorwort 9

Michael Schwartz
Verfolgte Homosexuelle – oder Lebenssituationen von
LSBT*QI*? Einführende Bemerkungen zu einem Forschungsfeld
im Umbruch 11

II. Grundsatzfragen

Corinna Tomberger
Homosexuellen-Geschichtsschreibung und Subkultur
Geschlechtertheoretische und heteronormativitätskritische
Perspektiven 19

Gudrun Hauer
Der NS-Staat – ein zwangsheterosexuelles/heteronormatives
Konstrukt? 27

Rüdiger Lautmann
Willkür im Rechtsgewand: Strafverfolgung im NS-Staat 35

Günter Grau
Die Verfolgung der Homosexualität im Nationalsozialismus
Anmerkungen zum Forschungsstand 43

III. Gruppen-Perspektiven

Stefanie Wolter
Lebenssituationen und Repressionen von LSBTI im
Nationalsozialismus. Desiderate und Perspektiven der
Forschung 53

6 Inhalt

Jens Dobler
Der Maßnahmenkatalog des Schwulen Museums zur Erforschung
und Aufarbeitung der Verbrechen des Nationalsozialismus an
Homosexuellen 61

Andreas Pretzel
Schwule Nazis. Narrative und Desiderate 69

Ulrike Janz
Das Zeichen lesbisch in den nationalsozialistischen
Konzentrationslagern 77

Claudia Schoppmann
Lesbische Frauen und weibliche Homosexualität im Dritten Reich
Forschungsperspektiven 85

Ingeborg Boxhammer und Christiane Leidinger
Sexismus, Heteronormativität und (staatliche) Öffentlichkeit im
Nationalsozialismus. Eine queer-feministische Perspektive auf die
Verfolgung von Lesben und/oder Trans* in (straf-)rechtlichen
Kontexten 93

Rainer Herrn
„In der heutigen Staatsführung kann es nicht angehen, daß sich
Männer in Frauenkleidung frei auf der Straße bewegen." Über den
Forschungsstand zum Transvestitismus in der NS-Zeit. 101

Ulrike Klöppel
Intersex im Nationalsozialismus. Ein Überblick über den
Forschungsbedarf..................................... 107

IV. Regionale und lokale Perspektiven

Michael Buddrus
Lebenssituation, polizeiliche Repression und justizielle Verfolgung
von Homosexuellen in Mecklenburg 1932 bis 1945. Überlegungen
zu einem Forschungsprojekt 115

Johann Karl Kirchknopf
Die umfassende Aufarbeitung der NS-Homosexuellenverfolgung in
Wien. Am Beginn eines herausfordernden Projekts   121

Ulf Bollmann
Gemeinsam gegen das Vergessen – Stolpersteine für homosexuelle
NS-Opfer. Perspektiven und Grenzen bei der Quellenrecherche aus
Sicht einer Hamburger Forschungsinitiative   129

Albert Knoll
Lebenssituationen und Repressionen von LSBTI im
Nationalsozialismus. Die Forschungssituation in München   135

Abkürzungen   141
Autorinnen und Autoren   143

Vorwort

Die Bundesstiftung Magnus Hirschfeld (BMH) wurde im Oktober 2011 mit einem doppelten Ziel errichtet: die Erforschung der Lebenswelten von Menschen mit homosexueller (schwuler oder lesbischer), bisexueller, trans- und intersexueller beziehungsweise intergeschlechtlicher Identität (LSBTI*) zu fördern und zugleich die historische Aufarbeitung des Umgangs mit diesen Personengruppen in der jüngeren deutschen Vergangenheit voranzutreiben. Forschungsförderung, Bildungs- und Erinnerungsarbeit gehen dabei Hand in Hand.

Das Institut für Zeitgeschichte München-Berlin (IfZ) ist seit der Bildung des Fachbeirats der BMH in diesem Gremium vertreten. Die themenbezogene Zusammenarbeit zwischen beiden Einrichtungen eröffnet neue Perspektiven. Das IfZ verfügt nicht nur seit seiner Gründung 1949 über einen ausgeprägten Kompetenzschwerpunkt in der Geschichte der NS-Zeit, sondern erfasst mit seinen vielfältigen Forschungsprojekten die Geschichte Deutschlands im 20. Jahrhundert in ihrem internationalen Kontext.

Gemeinsame Interessen mit der Bundesstiftung ergeben sich insbesondere aus neuen Projekten des IfZ, die das Private im Nationalsozialismus erkunden oder die Geschichte der Sexualität in Deutschland in der Transformationsphase zwischen den 1970er und den 1990er Jahren thematisieren. Die wissenschaftlichen Aufarbeitungsziele der BMH richten sich aktuell primär auf die NS-Zeit, werden jedoch auf die Lebenssituationen von LSBTI* in beiden deutschen Staaten zwischen 1945 und 1990 ausgedehnt – zum Beispiel mit dem Video-Zeitzeugenprojekt „Archiv der *anderen* Erinnerungen".

Die gemeinsamen Fragen und Ziele mündeten rasch in eine erfolgversprechende Kooperation. Ausdruck dieser ab Mitte 2012 vertieften Zusammenarbeit war die gemeinsame Vorbereitung und Durchführung eines wissenschaftlichen Workshops über „Lebenssituationen und Repressionen von LSBTI* im Nationalsozialismus", der erstmals Vertreterinnen und Vertreter der etablierten zeithistorischen Forschung mit Wissenschaftlerinnen und Wissenschaftlern anderer Fachdisziplinen, aber auch mit selbständig forschenden Vertretern diverser Betroffenen-Gruppen zusammenführte.

Dieser Workshop fand am 1. Februar 2013 unter der gemeinsamen Leitung von Jörg Litwinschuh für die BMH und Prof. Dr. Michael Schwartz für das IfZ in dessen Berliner Abteilung statt. Der Ertrag dieser Tagung wird im vorliegenden Band für eine breite Öffentlichkeit aufbereitet. Der darüber hinaus gehende Gewinn dieser Veranstaltung, die Vernetzung unterschiedlichster Forschungsgruppen und das dabei aufgebaute Kapital an wechselseitiger Wertschätzung und Vertrauen, erscheint uns als nicht minder zukunftsweisend. Wir danken dem Herausgeber Michael Schwartz und der Redaktion der Reihe „Zeitgeschichte im Gespräch" für die engagierte und kompetente Betreuung dieses Bands.

Jörg Litwinschuh
(Geschäftsführender Vorstand der BMH)

Andreas Wirsching
(Direktor des IfZ)

Michael Schwartz
Verfolgte Homosexuelle – oder Lebenssituationen von LSBT*QI*?

Einführende Bemerkungen zu einem Forschungsfeld im Umbruch

Homosexuelle im Nationalsozialismus – ist das der Gegenstand dieses Buchs? Ja – und Nein. Darum geht es durchaus, aber der vorliegende Band thematisiert noch weitere Gruppen von Menschen, die wegen ihrer sexuellen Orientierung potentiell diskriminiert oder verfolgt wurden. Neben homosexuellen Männern geht es um lesbische Frauen und um Personen mit bisexueller, trans- oder intersexueller Orientierung. Kurz: Um jene Gruppen, die man heute – US-amerikanischen Vorbildern folgend – unter dem Kürzel LSBTI zusammenfasst.

Sobald man intensiver in die Debatte einsteigt, stellt man fest, dass es damit nicht getan ist. Personen mit Transgender-Identität wollen eigens berücksichtigt und nicht unter Transsexuelle verbucht werden. Daraus folgt die Erweiterung zu *LSBTTI*. Zudem gibt es Transvestiten. Auch eine neu definierte Identität queerer Menschen, die sich nicht zwischen schwul und lesbisch einordnen lässt, drängt auf Akzeptanz: Die Folge ist die Erweiterung zu *LSBTQI* beziehungsweise *LSBTTQI*. Unter Intersexuellen gibt es Menschen, die diese Definition als diskriminierend betrachten und sich als intergeschlechtlich bezeichnet wissen wollen. Man behilft sich mit artifiziellen Kürzeln wie Trans* oder Inter* und bündelt dieselben in komplizierten Akronymen wie LSBT*QI*.

Ein Ende dieser Ausdifferenzierung ist nicht in Sicht. Die komplexe Sprachpolitik ist Ausdruck einer „neuen Unübersichtlichkeit" (Jürgen Habermas), hervorgerufen durch Auflösung älterer Schein- oder Zwangsgewissheiten[1]. Nicht nur das traditionelle Begriffspaar heterosexuell/homosexuell ist nicht mehr in der Lage, die gewachsene Vielfalt der Definitionen und Selbst-Definitionen von Sexualitäten oder Gender-Rollen zu erfassen. Die Trans*- und Inter*-Identitäten entziehen sich gänzlich traditioneller Binarität, auch

---

[1] Vgl. Roswitha Hofmann, Homophobie und Identität I: Queer Theory, in: Barbara Hey/Ronald Pallier/Roswith Roth (Hrsg.), Que(e)rdenken. Weibliche/männliche Homosexualität und Wissenschaft, Innsbruck 1997, S. 105–118, hier insbesondere S. 109; Andreas Kraß (Hrsg.), Queer Studies in Deutschland. Interdisziplinäre Beiträge zur kritischen Heteronormativitätsforschung, Berlin 2009.

deren schwul-lesbischer Variante. Die Unterscheidungen vervielfältigen sich nicht nur, sie verschwimmen. Damit aber beginnt die Eindeutigkeit von Abgrenzungen – ein zentrales Merkmal unserer zwanghaft definierenden und normalisierenden Moderne[2] – zu verschwinden.

Wenn wir trotz alledem unserem Band den Titel Homosexuelle im Nationalsozialismus voranstellen, so geschieht dies zunächst, weil es bei aller Differenzierung zur Bezeichnung eines Themas einer bündigen Formel bedarf. Ähnlich wie der Titel suggeriert auch das Titelbild Eindeutigkeit, wo verwirrende Vielfalt erkannt werden müsste. Aber abgesehen davon, dass auch die abgebildete Gruppe männlich-homosexueller KZ-Häftlinge weit vielfältiger gewesen sein dürfte, als ihre erzwungene Uniformierung (in Häftlingskleidung und Definition) vermuten lässt – die Verfolgung männlicher Homosexueller mit ihren vielen Todesopfern war zweifellos die Extremform dessen, was Menschen mit abweichender sexueller Orientierung im Dritten Reich an Repression widerfahren konnte. Insofern behält das Titelfoto trotz aller notwendigen Einwände seine tiefe Berechtigung. Zugleich aber ist der Untertitel unseres Buchs exakt: Denn es geht nicht allein um Homosexuelle, sondern um „neue Forschungsperspektiven zu Lebenssituationen von lesbischen, schwulen, bi-, trans- und intersexuellen Menschen" während der NS-Herrschaft.

Auch der Begriff Lebenssituationen im Untertitel ist bewusst gewählt[3]. Er deutet an, dass dieser Band über traditionelle Forschungsperspektiven hinaus will. Die Wissenschaft wird nicht nur vielfältigere Opfergruppen in den Blick nehmen als die im Hinblick auf die NS-Verfolgung nach § 175 RStGB[4] relativ gut erforschten männlichen Homosexuellen. Die Forschung der Zukunft wird überdies Menschen mit abweichender sexueller Orientierung nicht nur unter dem Paradigma von Opfer-Identitäten betrachten, so verständlich diese ursprüngliche Engführung infolge des zähen Kampfs um gesellschaftliche Anerkennung sein mag[5]. Stattdessen wird – hierin Anregun-

---

[2] Vgl. Zygmunt Bauman, Moderne und Ambivalenz. Das Ende der Eindeutigkeit. Neuausgabe, Hamburg 2005.
[3] Grundlegende Anregungen für dieses Konzept kommen aus der Soziologie und zuweilen aus der Gesellschaftsgeschichte; vgl. etwa Thomas Berger (Hrsg.), Lebenssituationen unter der Herrschaft des Nationalsozialismus. Materialien, Hannover 1981.
[4] In der Regel beziehen sich Verweise auf diesen Paragrafen in den Beiträgen dieses Bands auf die NS-Fassung im Reichsstrafgesetzbuch vom 1.9.1935.
[5] Vgl. zur Problematik von Opfer-Identitäten und Opferkonkurrenzen Jean-Michel Chaumont, Die Konkurrenz der Opfer. Genozid, Identität, Anerkennung, Lüneburg 2001; zur verspäteten Opfer-Anerkennung bei homosexuellen Männern Andreas

gen der neueren Frauenforschung folgend – nach „vielfältigen Lebenssituationen" gefragt, die in den Stichworten Repression oder Verfolgung nicht aufgehen, sondern diverse Abstufungen sozialer Diskriminierung, Tolerierung, ja der Unterstützung des Regimes beinhalten. Auch hier kommt es zum „Ende der Eindeutigkeit", indem jenseits von vermeintlich klaren Rollen (von Opfern oder Tätern) von „Rollenvielfalt" ausgegangen wird. Es geht um „die jeweilige gesellschaftliche Position und Situation", aus der heraus Menschen zu Opfern, Tätern „oder beidem zugleich" werden konnten[6].
Insofern werden sich künftige Forschungen über Lebenssituationen von LSBTI im Nationalsozialismus weiterhin den Opfern des NS-Regimes widmen und dabei sogar eine deutlich breitere Skala an Repressionen untersuchen als bisher; sie werden aber auch die vielen einbeziehen, die nicht direkt vom NS-Regime verfolgt, aber in der NS-Gesellschaft diskriminiert wurden. Auch geht es um die Suche nach Freiräumen mit Möglichkeiten selbstbestimmten Lebens, ferner um NS-Mitläufer oder gar Mittäter aus den Reihen der sexuellen Minderheiten. Dabei sind Rollenkombinationen oder Rollenwechsel grundsätzlich in Rechnung zu stellen.

Das Gesagte gilt nicht nur für Individuen, sondern auch für gesellschaftliche Milieus und Institutionen. Ein Beispiel bietet die widersprüchliche Lage der Kirchen – als Träger traditioneller Homosexuellen-Diskriminierung einerseits, als Opfer der spezifischen Homosexuellen-Verfolgung des NS-Regimes andererseits, die bekanntlich zielgerichtet auch Geistliche traf. Heute könnten die Sittlichkeitsprozesse der NS-Zeit offener bewertet werden, da nicht mehr ausschließlich das Paradigma des NS-Kirchenkampfs interpretationsleitend sein muss. Zwar ist die genuin politische Motivation der NS-Verfolgung homosexueller Geistlicher und Ordensangehöriger unbestritten[7] und weiterhin im Kontext eines verschärften Kulturkampfs in der „Volksgemeinschaft" zu interpretieren[8]. Zugleich aber könnte diese

Pretzel, NS-Opfer unter Vorbehalt. Homosexuelle Männer in Berlin nach 1945, Münster 2002; Christian Reimesch, Vergessene Opfer des Nationalsozialismus? Zur Entschädigung von Homosexuellen, Kriegsdienstverweigerern, Sinti und Roma und Kommunisten in der Bundesrepublik Deutschland, Berlin 2003.

[6] Christina Herkommer, Frauen im Nationalsozialismus – Opfer oder Täterinnen? Eine Kontroverse der Frauenforschung im Spiegel feministischer Theoriebildung und der allgemeinen historischen Aufarbeitung der NS-Vergangenheit, München 2005, S. 61.

[7] Vgl. Hans Günter Hockerts, Die Sittlichkeitsprozesse gegen katholische Ordensangehörige und Priester 1936–1937, Mainz 1971, S. 12 und S. 20.

[8] Vgl. Christoph Kösters, Katholisches Kirchenvolk 1933–1945, in: ders./Mark Edward Ruff (Hrsg.), Die katholische Kirche im Dritten Reich. Eine Einführung, Freiburg 2011, S. 92–108, hier insbesondere S. 98.

Verfolgungsstrategie auch als Kolonialisierung einer Lebenswelt verstanden werden[9], einer bislang autonomen kirchlichen Nische, in der es für homosexuell veranlagte Menschen neben internen Strafandrohungen auch Freiräume gab[10]. Solche institutionell geschützten Freiräume ermöglichten selbstbestimmte Sexualität, aber auch Missbrauch. Derartige Nischen im kirchlichen Raum sind für das 19. Jahrhundert in Bezug auf lesbische Netzwerke (einschließlich des systematischen Missbrauchs von Abhängigen) von einer innovativen kirchengeschichtlichen Forschung in den Blick genommen worden[11].

Für die NS-Zeit wäre das bereits gesicherte Wissen zu erweitern, dass das NS-Regime in kirchlichen Lebenswelten auch reale „homosexuelle Vergehen" aufspürte, darunter Missbrauchsfälle an (zum Teil minderjährigen) Abhängigen, und dass der Umgang kirchlicher Obrigkeiten auf einer Skala zwischen Maßregelung und Vertuschung schwankte[12]. Bei alledem ging die NS-Strategie, den Ruf der Kirche zu beschädigen, nicht immer auf: Zwar konstatierte die westfälische Gestapo 1935, dass fortgesetzte Festnahmen von Geistlichen wegen sexueller Verfehlungen auf die Bevölkerung „sehr niederdrückend gewirkt" hätten; zugleich aber gab es im katholischen Milieu nach wie vor Versuche, diese Geistlichen „trotz der erwiesenen Schuld als Märtyrer hinzustellen"[13].

War dies nur ein Ableugnen unpassender Sachverhalte im Kontext des Kirchenkampfs oder zeigte sich hier womöglich eine größere Toleranz in den Einstellungen der religiösen Milieus der NS-Zeit, die womöglich nicht derart homophob verfuhren wie große Teile der sozialdemokratischen

---

[9] Vgl. den auf Jürgen Habermas zurückgehenden Ansatz in seiner Anwendung auf die NS-Diktatur bei Norbert Götz, Ungleiche Geschwister. Die Konstruktion von nationalsozialistischer Volksgemeinschaft und schwedischem Volksheim, Baden-Baden 2001, S. 60.

[10] Einen Ansatz für den evangelisch-karitativen Bereich bietet Andreas Pretzel, Homosexuelle in Lobetal, in: Jan Cantow/Jochen-Christoph Kaiser (Hrsg.), Paul Gerhard Braune (1887–1954). Ein Mann der Kirche und Diakonie in schwieriger Zeit, Stuttgart 2005, S. 170–183.

[11] Vgl. Hubert Wolf, Die Nonnen von Sant'Ambrogio – eine wahre Geschichte, München 2013.

[12] Vgl. Hockerts, Sittlichkeitsprozesse, S. 5 und S. 51; zu einem Prozess gegen einen NS-nahen katholischen Domvikar in Ostpreußen vgl. Michael Schwartz, Funktionäre mit Vergangenheit. Das Gründungspräsidium des Bundes der Vertriebenen und das „Dritte Reich", München 2012, S. 265f.

[13] LA-NRW, Abt. Westfalen, Politische Polizei 3. Reich Nr. 423, Lagebericht der Staatspolizeistelle Dortmund für November 1935, S. 15f.; Nr. 427, Lagebericht der Staatspolizeistelle Münster für Dezember 1935, S. 11.

oder kommunistischen (Exil-)Milieus, welche die von ihnen verachtete Homosexualität auf ihre NS-Gegner projizierten und im Stereotyp des homosexuellen Nazi verdichteten[14]? Jedenfalls gab es in konfessionell geprägten Lebenswelten zuweilen überraschende Allianzen gegen NS-Kolonialisierungsversuche: Als im westfälischen Liesborn ein SA-Mann – zugleich Präses des Kirchenchores – wegen homosexuellen Missbrauchs von Minderjährigen verhaftet wurde, erklärte der örtliche katholische Pfarrer von der Kanzel herab, „hoffentlich reiße die Hand den Schleier nicht noch weiter auf". Unter vier Augen soll der Geistliche den ermittelnden Beamten gefragt haben, ob der Fall „nicht anders zu erledigen gewesen" wäre; er deutete offenbar an, „ihm wäre Totschweigen der Sache lieber gewesen"[15]. Nicht nur kirchliche, auch dörfliche Lebenswelten beinhalteten offenbar Freiräume – nicht für Freiheit schlechthin, aber für Freiheit vom Staat, in diesem Fall von der die Gesellschaft durchdringenden NS-Diktatur[16].

Insofern geht es stets auch um die Untersuchung diskursiver und medialer Strategien in einer Öffentlichkeit im Strukturwandel zwischen Weimarer Milieu-Pluralismus und totalitär regierter NS-Gesellschaft. Hier sind kirchenhistorische Ansätze, welche katholische Kirche und NS-Regime als konkurrierend-konvergierende Diskursakteure analysieren, weiterführend[17]. Auf diese Weise könnte die Instrumentalisierung homosexueller Missbrauchsfälle in der Auseinandersetzung zwischen NS-Regime und HJ einerseits[18], dem katholischen Milieu und seinen Jugendorganisationen andererseits neu

---

[14] Vgl. Jörn Meve, Homosexuelle Nazis. Ein Stereotyp in Politik und Literatur des Exils, Hamburg 1990; Alexander Zinn, Die soziale Konstruktion des homosexuellen Nationalsozialisten. Zu Genese und Etablierung eines Stereotyps, Frankfurt a. M. 1997.

[15] LA-NRW, Abt. Westfalen, NSDAP-Gauleitung Westfalen-Nord, Hauptleitung Nr. 4, Stimmungs- und Lagebericht der Gauleitung Westfalen-Nord an den Stellvertreter des Führers der NSDAP für Februar 1936, o.P.

[16] Zur Resistenz lokaler Lebenswelten vgl. Horst Möller/Andreas Wirsching/Walter Ziegler (Hrsg.), Nationalsozialismus in der Region. Beiträge zur regionalen und lokalen Forschung und zum internationalen Vergleich, München 1996; Michael Schwartz, „Machtergreifung"? Lokalpolitische Elitenkonflikte in der ländlichen Gesellschaft Westfalens während des „Dritten Reichs", in: Rudolf Schlögl/Hans-Ulrich Thamer (Hrsg.), Zwischen Loyalität und Resistenz. Soziale Konflikte und politische Repression während der NS-Herrschaft in Westfalen, Münster 1996, S. 185–243.

[17] Vgl. Holger Arning, Die Macht des Heils und das Unheil der Macht. Diskurse von Katholizismus und Nationalsozialismus im Jahr 1934 – eine exemplarische Zeitschriftenanalyse, Paderborn u. a. 2008.

[18] Ansatzweise zur NS-Verfolgung HJ-interner homosexueller Vergehen vgl. Kathrin Kollmeier, Ordnung und Ausgrenzung. Die Disziplinarpolitik der Hitler-Jugend, Göttingen 2007, insbesondere S. 166–181.

interpretiert werden; solche (halb-)öffentliche Diskurse sind im Unterschied zur internen NS-Disziplinarpolitik ebenso wenig untersucht wie die kircheninterne Disziplinarpolitik. Diese Beispiele mögen genügen, um das Innovationspotenzial neuer Forschungsansätze zu den vielfältigen Lebenssituationen von Menschen mit abweichenden Sexualitäts- oder Gender-Identitäten in der NS-Zeit zu illustrieren.

Das vorliegende Buch bietet allen Interessierten einen konzisen Überblick über den aktuellen Stand der Debatte und darüber hinaus viele methodische und thematische Anregungen für künftige Forschungen. Zunächst wenden sich die Beiträge von Corinna Tomberger, Gudrun Hauer, Rüdiger Lautmann und Günter Grau Grundsatzfragen unseres Themas zu – sowohl erkenntnistheoretischen Problemen, die an die Geschlechterdifferenz zurückgebunden werden, als auch zentralen Deutungsmustern des verfolgenden beziehungsweise diskriminierenden NS-Staats sowie diversen Zeitphasen schrittweiser „Aufarbeitung" dieser Gewaltgeschichte. In einem zweiten Schritt zeigen sieben Beiträge unterschiedliche Makro-Perspektiven auf: Zunächst diskutiert Stefanie Wolter diverse Ansätze der Annäherung an unser Thema im Zusammenhang. Nachdem Jens Dobler einen Maßnahmenkatalog des Schwulen Museums Berlin zur Erforschung der konkreten NS-Homosexuellenverfolgung präsentiert hat, verdeutlicht Andreas Pretzel die Notwendigkeit der Überwindung eines allzu einseitigen Opfer-Deutungsschemas durch die Einbeziehung schwuler Nazis in die Forschungs- und Deutungsperspektiven. Dass es auch lesbische NS-Verfolgte sowie SS-Täterinnen in Konzentrationslagern gab, ergänzt Ulrike Janz, während Claudia Schoppmann sowie Ingeborg Boxhammer und Christiane Leidinger die allgemeinen Lebenssituationen lesbischer Frauen im NS-Staat diskutieren. Rainer Herrn bringt die bislang kaum beachtete Gruppe der Transvestiten in die erweiterte Forschungsperspektive ein, während Ulrike Klöppel die ebenfalls kaum erforschte Situation der Intersexuellen thematisiert. Diverse Projektskizzen zu regionalen oder lokalen Studien runden diesen Überblick ab: Michael Buddrus gibt Anregungen am Beispiel des Landes Mecklenburg, Johann Karl Kirchknopf in einem umfassenden Ansatz für Wien, gefolgt von Ulf Bollmann für Hamburg und Albert Knoll für München.

Am Ende dieser einführenden Bemerkungen sollen nochmals die besonderen Entstehungsbedingungen des vorliegenden Bands gewürdigt werden. Dieser ist das Zeugnis einer ganz neuartigen Zusammenarbeit und sendet entsprechend Signale in recht unterschiedliche gesellschaftliche Bereiche aus. Er hat Experimentalcharakter, indem er das Resultat einer diskursiven Begegnung zwischen etablierter Geschichtswissenschaft mit in diversen

Disziplinen engagierten Kolleginnen und Kollegen aus den unter der Rubrik LSBT*QI* bezeichneten gesellschaftlichen Milieus darstellt; experimentell ist unser Buch aber auch insofern, als es zugleich selbst wieder Impuls sein will für die Intensivierung solcher diskursiver Begegnungen und Grenz-Überschreitungen. Insofern ist Band 18 der Reihe „Zeitgeschichte im Gespräch" nicht nur irgendein herkömmlicher wissenschaftlicher Tagungsband; er sollte als Versuch begriffen werden, institutionelle und fachliche Grenzziehungen auf einem sich der Gesamtgesellschaft erst erschließenden vielversprechenden neuen Forschungsterrain zu überschreiten und unterschiedliche Ansätze gezielt zu vernetzen. Unser Band dokumentiert den aktuellen Stand dieser Debatte und lädt zugleich ein zur Beteiligung an ihrer produktiven, wo nötig streitbaren Weiterentwicklung – nicht allein für die NS-Zeit, sondern auch für weitere Perioden der Geschichte des 20. Jahrhunderts.

Corinna Tomberger
Homosexuellen-Geschichtsschreibung und Subkultur

Geschlechtertheoretische und heteronormativitätskritische Perspektiven

1. Vom Nachteil und Nutzen subkultureller Geschichtsschreibung

Sexualitäten, die von der Norm heterosexueller Zweigeschlechtlichkeit abweichen, werden von der etablierten Geschichtswissenschaft nach wie vor weitgehend ignoriert. Die Erforschung der Situation Homosexueller im Nationalsozialismus verdankt sich im Wesentlichen „einer Art von subkultureller Geschichtsschreibung"[1]. Die „Subkulturalisierung" der Forschung schmälert deren Erträge keineswegs. Allerdings ist „Geschichtsschreibung von Homosexuellen über Homosexuelle [grundsätzlich] ambivalent"[3], denn sie läuft aufgrund der Nähe der beteiligten Forscherinnen und Forscher zum Gegenstand Gefahr, heutige Konzepte von Homosexualität und daraus abgeleitete Vorannahmen auf die Geschichte zu übertragen. Vor diesem Hintergrund entwickelt der vorliegende Beitrag grundsätzliche Überlegungen zu einem Forschungsvorhaben über LSBTI im Nationalsozialismus[4] und fragt nach theoretischen und politischen Implikationen.

[1] Burkhard Jellonek/Rüdiger Lautmann, Einleitung, in: dies. (Hrsg.), Nationalsozialistischer Terror gegen Homosexuelle. Verdrängt und ungesühnt, Paderborn u.a. 2002, S. 11–23, hier S. 11; eine allmähliche Öffnung der akademischen Geschichtswissenschaft seit den 1990er Jahren konstatieren Stefan Micheler/Jakob Michelsen, Geschichtsforschung und Identitätsstiftung. Von der „schwulen Ahnenreihe" zur Dekonstruktion des Homosexuellen, 1997 (www.stefanmicheler.de/wissenschaft/art_ahnengalerie_1997.html).
[2] Rüdiger Lautmann, Forschungslage über rosa Winkel im KZ, in: Beiträge zur Geschichte der nationalsozialistischen Verfolgung in Norddeutschland, Bd. 5: Verfolgung von Homosexuellen im Nationalsozialismus, Bremen 1999, S. 104–111, hier S. 106.
[3] Micheler/Michelsen, Geschichtsforschung.
[4] Der Beitrag entstand anlässlich des Workshops zu „Lebenssituationen und Repressionen von LSBTI im Nationalsozialismus" vom IfZ und der BMH, die gemeinsam ein entsprechendes Forschungsprojekt anstreben; vgl. Stefanie Wolter, Erste gemeinsame Tagung von IfZ und BMH – ein Bericht, veröffentlicht am 5.2.2013 (http://mh-stiftung.de/2013/02/05/erste-gemeinsame-tagung-von-ifz-und-bmh-ein-workshopbericht).

Mit Lesben, Schwulen, Bisexuellen, Transgender und Intersexuellen umfasst das Akronym LSBTI Identitätskategorien der Gegenwart, die während des Nationalsozialismus nicht gebräuchlich waren[5]. Nicht allein die Kategorien sind historisch bedingt, sondern auch die zugehörigen Entwürfe sozialer Gruppen und kollektiver Identitäten. Im Falle von Lesben und Schwulen etwa sind sie eng mit den jeweiligen westdeutschen Emanzipationsbewegungen der 1970er Jahre und deren Identitätskonzepten verbunden. Das Akronym LSBTI[6] hat seinen Ursprung in neueren Bürgerrechtsbewegungen für Menschen, die der Norm heterosexueller Zweigeschlechtlichkeit nicht entsprechen[7]. Mit Blick auf künftige Forschungen ist zu fragen, inwieweit die gegenwartsbezogene Definition bestimmte Vorannahmen über Gemeinsamkeiten der jeweiligen historischen Lebenssituationen impliziert; solche Vorannahmen können den Blick auf spezifische Lebenssituationen eher verstellen als öffnen.

Ein Forschungsvorhaben zu LSBTI ist offensichtlich theoretischen Ansätzen der *Gender* und *Queer Studies* geschuldet. Wie diese Bezüge verdeutlichen, birgt die subkulturelle Geschichtsschreibung auch Chancen, wenn mit ihrer Theoriebildung zugleich ihr spezifisches erkenntnistheoretisches Potenzial nutzbar gemacht wird. Das hieße, geschlechtertheoretische und heteronormativitätskritische Ansätze einzubeziehen, also nach naturalisierten Geschlechterzuschreibungen und gesellschaftlichen Prozessen der Normalisierung heterosexueller Zweigeschlechtlichkeit zu fragen[8]. Für Forschungsprojekte könnte daraus folgen, nicht allein die Ausgrenzung, Diskriminierung und Sanktionierung abweichender Sexualitäten zu untersuchen, sondern auch die damit einhergehende diskursive Naturalisierung von Heterosexualität und Zweigeschlechtlichkeit.

Ausgehend von diesen theoretischen Perspektiven befrage ich im Folgenden die bisherige Forschung zu Homosexuellen im Nationalsozialismus nach möglichen Auswirkungen eines subkulturellen Bias, also nach Verzer-

---

[5] So ist der Begriff schwul als Bezeichnung für homosexuelle Männer erst für die 1970er Jahre nachweisbar; vgl. Jens Dobler, Schwule Lesben, in: Andreas Pretzel/ Volker Weiß (Hrsg.), Rosa Radikale. Die Schwulenbewegung der 1970er Jahre, Hamburg 2012, S. 113–123.

[6] LGBT, das angloamerikanische Pendant zu LSBT, ist seit den 1990er Jahren verbreitet; später wurde das Akronym durch Einschluss von Intersexuellen zu LGBTI bzw. LSBTI erweitert.

[7] Vgl. Yogyakarta Plus. Menschenrechte für Lesben, Schwule, Bisexuelle, Transgender und Intersexuelle in der internationalen Praxis, Berlin 2011 (Schriftenreihe der Hirschfeld-Eddy-Stiftung Bd. 2).

[8] Vgl. Nina Degele, Gender/Queer Studies, Paderborn 2008, S. 84–93.

rungseffekten, die der Situierung der Forscherinnen und Forscher geschuldet sein könnten. Daran anschließend zeige ich bislang vernachlässigte Fragen und Perspektiven auf.

2. Homosexuellen-Geschichtsschreibung und Schwulenbewegung

Um einem möglichen Bias der Forschung zu Homosexuellen im Nationalsozialismus nachzugehen, ist ihre subkulturelle Situierung näher zu bestimmten. Abgesehen von wenigen Ausnahmen kennzeichnet das Forschungsfeld eine schwule Subkulturalisierung[9]. Sie gründet in der westdeutschen Schwulenbewegung, für deren Mobilisierung in den 1970er Jahre die NS-Homosexuellenverfolgung eine wichtige Bezugsgröße bildete. Symbol dieser Bezugnahme war der „entliehene rosa Winkel", den sich schwulenpolitische Akteure als sichtbares Zeichen aneigneten und auf Demonstrationen trugen[10]. Dies fand Nachahmer in den USA, wo schwulenpolitische AIDS-Aktivisten den rosa Winkel in den 1980er Jahren aufgriffen[11].

Aus Sicht der westdeutschen schwulenpolitischen Akteure stellte der „entliehene rosa Winkel" einen Zusammenhang zwischen „Ausrottung von Homosexuellen in den KZ's der Nazis und der Schwulendiskriminierung in der BRD"[12] her. In der Schwulenbewegung galt der rosa Winkel auch als Zeichen der Solidarität mit effeminierter Männlichkeit[13]. Unberücksichtigt blieb dabei, dass die weibliche Codierung der Farbe Rosa historisch neu und für die Zeit des Nationalsozialismus nicht nachweisbar ist[14]. Die Übernahme des rosa Winkels als schwulenpolitisches Symbol mag daher ein Grund dafür sein, dass bislang unerforscht blieb, warum die Nationalsozialisten wegen Homosexualität inhaftierte Männer im KZ mit der Farbe Rosa kenn-

---

[9] Vgl. Lautmann, Forschungslage, S. 104f.

[10] Vgl. Michael Holy, Der entliehene rosa Winkel, in: Der Frankfurter Engel. Mahnmal Homosexuellenverfolgung, hrsg. von der Initiative Mahnmal Homosexuellenverfolgung e.V., Frankfurt a.M. 1997, S. 74–87.

[11] Vgl. Eric N. Jensen, The Pink Triangle and Political Consciousness. Gays, Lesbians, and the Memory of Nazi Persecution, in: JHS 11 (2002), S. 319–349, hier S. 328f. und S. 331.

[12] Feministengruppe der Homosexuellen Aktion Westberlin, 4.11.1973; zit. nach Holy, Rosa Winkel, S. 83.

[13] Vgl. Dominique Grisard, Rosa. Zum Stellenwert der Farbe in der Schwulen- und Lesbenbewegung, in: Pretzel/Weiß (Hrsg.), Rosa Radikale, S. 177–198, hier S. 184.

[14] Vgl. ebenda, S. 178–182, und Günter Grau, Lexikon zur Homosexuellenverfolgung 1933–1945. Institutionen, Personen, Betätigungsfelder, Münster 2011, S. 256.

zeichneten. Dieses Beispiel verdeutlicht, dass die schwulenpolitische Inanspruchnahme der Homosexuellenverfolgung Einfluss auf Forschungsfragen hatte. Folgt man Michael Holys These, mit der Bezugnahme auf die Homosexuellenverfolgung habe sich in der westdeutschen Schwulenbewegung eine „Opferidentität"[15] herausgebildet, zeigen sich hier ebenfalls Parallelen zu den Forschungsinteressen der subkulturellen Geschichtsschreibung.

Anders als für die Schwulenbewegung bildete die Situation Homosexueller im Nationalsozialismus für die Entstehung der westdeutschen Lesbenbewegung keinen nennenswerten Bezugspunkt. Hier war der Feminismus wesentlich[16]. Ebenso wie für die Schwulengeschichte gilt indes auch für die Lesbengeschichte, dass sie in der Subkultur geschrieben worden ist. Dementsprechend ist die Forschungslage zu homosexuellen Frauen im Nationalsozialismus ausgesprochen überschaubar. Während die Schwulenbewegung zu schwuler Geschichtsschreibung motivierte, gab es für die Erforschung lesbischer Geschichte ungleich weniger Anreize.

3. Die mangelnde Reflexion der Kategorie Geschlecht

Die Bedeutung der NS-Homosexuellenverfolgung für die Schwulenbewegung macht verständlich, warum Überblicksdarstellungen sich vorwiegend homosexuellen Männern widmen. Diesem Schwerpunkt sind meist wenige Beiträge über lesbische Frauen oder weibliche Homosexualität zur Seite gestellt[17]. In der Regel werden Männer mit dem geschlechtlich nicht spezifizierten Terminus „Homosexuelle" gefasst, Frauen hingegen geschlechtlich markiert[18]. Somit werden homosexuelle Frauen diskursiv als nachrangiger Ausnahmefall konstruiert. Das bleibt nicht folgenlos.

Insofern allein männliche Homosexualität im Nationalsozialismus reichsweit strafrechtlich sanktioniert war, lässt der fortwährende Vergleich die Situation homosexueller Frauen als strukturell nachrangig und mithin weniger erforschenswert erscheinen. Im Wettbewerb um Forschungsgelder

[15] Holy, Rosa Winkel, S. 82.
[16] Vgl. Gabriele Dennert/Christiane Leidinger/Franziska Rauchut (Hrsg.), In Bewegung bleiben. 100 Jahre Politik, Kultur und Geschichte von Lesben, Berlin 2007.
[17] Vgl. Jellonek/Lautmann (Hrsg.), Terror; Verfolgung von Homosexuellen im Nationalsozialismus.
[18] Einige Veröffentlichungen markieren indes auch homosexuelle Männer konsequent geschlechtlich; vgl. Günter Grau (Hrsg.), Homosexualität in der NS-Zeit. Dokumente einer Diskriminierung und Verfolgung, Frankfurt a.M. ²2004; Bernhard Rosenkranz/Ulf Bollmann/Gottfried Lorenz, Homosexuellen-Verfolgung in Hamburg 1919–1969, Hamburg 2009.

und Publikationsmöglichkeiten ist dies ein nicht zu unterschätzender Faktor. Da die historische Forschung die Verfolgung homosexueller Männer häufig nicht geschlechtlich markiert, sehen sich Forscherinnen, die homosexuelle Frauen untersuchen, genötigt, zunächst klarzustellen, dass die strafrechtliche Verfolgung Frauen nicht betraf. Männer gelten somit als Normalfall, Frauen als geschlechtsspezifischer Spezialfall. Auf diese Weise ist das Bild einer vermeintlich geschlechtsneutralen Homosexuellenverfolgung entstanden.

Aus geschlechtertheoretischer Perspektive folgt diese Darstellung einer heteronormativen Logik, da ihr eine hierarchische Struktur der Zweigeschlechtlichkeit zugrunde liegt, wobei Frauen ausschließlich in Relation zu Männern gedacht werden[19]. Aus Perspektive der feministischen Wissenschaftskritik ist diese Konstruktion zudem androzentrisch, da Männer als vermeintlich allgemeingültige, geschlechtsneutrale Bezugsgröße fungieren, an der Frauen gemessen werden.

Aus dieser Kritik lassen sich theoretisch-methodische Schlussfolgerungen für ein Projekt zu LSBTI im Nationalsozialismus ableiten. Es sollte die schwule Subkulturalisierung der bisherigen Forschung und deren Auswirkungen auf die Historiographie reflektieren und konzeptionell einbeziehen. Um einen heteronormativen Bias zu vermeiden, ist sicherzustellen, dass Erkenntnisse über homosexuelle Männer nicht auf weniger erforschte andere Teilgruppen von LSBTI übertragen werden. Insgesamt ist ein Verfahren erforderlich, das kontinuierlich prüft, ob Vorannahmen über relationale Bezüge zwischen Lebenssituationen und Repressionserfahrungen der jeweiligen Gruppen und der ihnen zugeordneten Personen wirksam sind. Sowohl LSBTI als Sammelbegriff als auch die darin implizierten Gruppen können lediglich als vorläufige Arbeitskategorien fungieren. Der Konstruktionscharakter von Identitätskategorien ist in der Konzeption von Forschungen konsequent mit zu bedenken[20]. Zu unterscheiden sind Selbstzuschreibungen der historischen Akteurinnen und Akteure, zeitgenössische Fremdzuschreibungen, etwa seitens der verfolgenden NS-Instanzen, und heutige Identitätszuschreibungen an damalige Akteurinnen und Akteure.

---

[19] Vgl. Degele, Gender/Queer Studies, S. 88–91.
[20] Zu entsprechenden Forderungen vgl. Micheler/Michelsen, Geschichtsforschung.

4. Vernachlässigte Forschungsperspektiven

Die schwulenpolitisch motivierte Erforschung der Verfolgung männlicher Homosexueller hat dazu beigetragen, homosexuelle Frauen zu marginalisieren. Mit dieser Tradition zu brechen hieße, homosexuelle Frauen als eigenständige Untersuchungsgruppe in den Blick zu nehmen – zu erkunden, inwiefern deren Lebenssituationen im Nationalsozialismus vergleichbar sind mit denjenigen anderer Frauen, die als sexuell oder sozial abweichend galten[21]. Auch sollten heterosexuelle Frauen stärker als Vergleichsgruppe herangezogen werden, um die historische Situation homosexueller Frauen einzuschätzen und zu klären, inwieweit diese spezifische Repressionen trafen. Die mangelnde Einstufung homosexueller Frauen als eigenständige Untersuchungsgruppe ist meines Erachtens auch Grund dafür, dass ein interessanter Quellenkorpus bislang nur geringe Aufmerksamkeit erfahren hat: Überlebenden-Berichte, die weibliche Homosexualität im Konzentrationslager schildern[22].

Die mangelnde geschlechtertheoretische Reflexion der bisherigen Geschichtsschreibung hat auch die Erkenntnismöglichkeiten hinsichtlich homosexueller Männer begrenzt. So ist Männlichkeit bislang kaum als Analysekategorie genutzt worden, um die NS-Verfolgung männlicher Homosexueller zu erklären. Theoretische Perspektiven der Männlichkeitsforschung, insbesondere das von R.W. Connell entwickelte Konzept der hegemonialen Männlichkeit[23], blieben meist unberücksichtigt[24]. Das mag nicht zuletzt an der geringen Zahl von Untersuchungen zu Männlichkeiten im Nationalsozialismus liegen[25]. Zwar wurde aufgezeigt, dass männliche Homosexualität aus

---

[21] Vgl. Insa Eschebach, Einleitung, in: dies. (Hrsg.), Homophobie und Devianz. Weibliche und männliche Homosexualität im Nationalsozialismus, Berlin 2012, S.11–20, hier S. 11.

[22] Vgl. dazu den Beitrag von Ulrike Janz in diesem Band.

[23] Vgl. Robert W. (heute: Raewyn) Connell, Der gemachte Mann. Konstruktion und Krise von Männlichkeiten, Opladen 1999.

[24] Vgl. Martin Lücke, Rezension zu: Susanne zur Nieden (Hrsg.), Homosexualität und Staatsräson. Männlichkeit, Homophobie und Politik in Deutschland 1900–1945, Frankfurt a.M. 2005, in: H-Soz-u-Kult vom 28.7.2005 (http://hsozkult.geschichte.hu-berlin.de/rezensionen/2005-3-063).

[25] Vgl. Anette Dietrich/Ljiljana Heise, Perspektiven einer kritischen Männlichkeitenforschung zum Nationalsozialismus. Eine theoretische und pädagogische Annäherung, in: dies. (Hrsg.), Männlichkeitskonstruktionen im Nationalsozialismus. Formen, Funktionen und Wirkungsmacht von Geschlechterkonstruktionen im Nationalsozialismus und ihre Reflexion in der pädagogischen Praxis, Frankfurt a.M. 2013, S. 7–35, hier S. 12.

Sicht der Nationalsozialisten das Staatsgefüge bedrohte und daher zu bekämpfen war[26]. Die Funktion der Homosexuellenverfolgung für den nationalsozialistischen Gesellschaftsentwurf ist bislang jedoch kaum erforscht. Zu fragen wäre etwa, welche Funktion das Feindbild des männlichen Homosexuellen für Formen homosozialer männlicher Vergemeinschaftung im NS-Staat hatte, mithin für die Produktion hegemonialer Männlichkeit(en) im Nationalsozialismus. Auch die Diskrepanz zwischen einer Rhetorik der Ausmerzung einerseits, einer durchaus differenzierten Verfolgungspraxis andererseits[27] legt nahe, die Konstruktion des „homosexuellen Staats- und Volksfeindes"[28] nach ihrem symbolischen und ideologischen Mehrwert für den NS-Staat zu befragen. Das hieße, die nationalsozialistischen Erklärungsmodelle für männliche Homosexualität und die Notwendigkeit ihrer Bekämpfung daraufhin zu untersuchen, welche erwünschten Männlichkeiten sie als positive Gegenbilderbilder entwarfen. Dies könnte neue Perspektiven auf geschlechterpolitische Funktionen der Homosexuellenverfolgung für den NS-Staat eröffnen.

5. Homosexuellen-Geschichtsschreibung und schwul-lesbische Erinnerungskultur

Die schwule Subkulturalisierung der Homosexuellen-Geschichtsschreibung betrifft nicht allein die Wissenschaft, sie hat auch geschichtspolitische Auswirkungen. Das Berliner Denkmal für die im Nationalsozialismus verfolgten Homosexuellen ist ein Paradebeispiel dafür, wie sich ein heteronormativer Bias auf Homosexualität in der Erinnerungskultur niedergeschlagen hat. Schwule Identitätspolitiken, gepaart mit rhetorischen Referenzen an gleichstellungspolitische Imperative, bilden prägende, wenngleich widersprüchliche Diskursstrategien[29]. Obwohl sich die Aufgabenstellung für das Denkmal auf Schwule und Lesben bezog, wandte sich eine Allianz aus

---

[26] Vgl. Susanne zur Nieden, Der homosexuelle Staats- und Volksfeind, in: Eschebach (Hrsg.), Homophobie und Devianz, S. 23–34, hier S. 31.
[27] Vgl. Burkhard Jellonek, Staatspolizeiliche Fahndungs- und Ermittlungsmethoden gegen Homosexuelle, in: Jellonek/Lautmann (Hrsg.), Terror, S. 149–161, hier S. 151.
[28] Zur Nieden, Staats- und Volksfeind.
[29] Vgl. Corinna Tomberger, Das Berliner Homosexuellen-Denkmal: Ein Denkmal für Schwule *und* Lesben? in: Eschebach (Hrsg.), Homophobie und Devianz, S. 187–207; Corinna Tomberger, Wessen Gedenken? Geschlechterkritische Fragen an das geplante Homosexuellen-Mahnmal, in: Invertito. Jahrbuch für Geschichte der Homosexualitäten 9 (2007), S. 136–155.

schwulenpolitischen Akteuren und professionellen Fachleuten der Erinnerungskultur vehement gegen die Forderung, homosexuelle Frauen gestalterisch sichtbar zu machen[30].

Einem vergleichbaren Muster begegnete jüngst eine Gedenktafelinitiative für lesbische Frauen in der Mahn- und Gedenkstätte Ravensbrück. Das anfängliche Anliegen einer schwul-lesbischen Initiative, eine Gedenktafel für die verfolgten Homosexuellen beiderlei Geschlechts zu realisieren, führte zunächst zu einer Tafel für Männer, die wegen Homosexualität im KZ inhaftiert waren. Eine weitere Widmungstafel für lesbische Frauen aller Haftgruppen lehnte die Stiftung Brandenburgische Gedenkstätten mit der Begründung ab, eine solche Tafel setze die besondere Verfolgung lesbischer Frauen voraus[31]. Dass homosexuelle Frauen im KZ nicht dieselbe Verfolgungsgeschichte aufweisen wie homosexuelle Männer, verwehrt ihnen mithin den Status einer eigenständigen Widmungsgruppe – und dies, obwohl die Ravensbrücker Lagerordnung lesbische Kontaktaufnahme unter Häftlingen ebenso unter Strafe stellte wie die Nichtanzeige derselben.

Wie diese Beispiele verdeutlichen, ist die historische Forschung zu LSBTI in der NS-Zeit schwerlich von ihren geschichtspolitischen Implikationen zu trennen. Daher sollten entsprechende Studien zum Nationalsozialismus durch Projekte begleitet werden, die LSBTI als Akteurinnen und Akteure in Geschichtspolitik und Erinnerungskultur untersuchen. Eingehender analysiert wurde dies allein für das Berliner Denkmal[32]. Eine umfassende Untersuchung schwul-lesbischer Erinnerungskultur seit den 1980er Jahren steht hingegen aus. Somit fehlt eine fundierte Grundlage, um die Entwicklung des schwul-lesbischen Gedenkens geschichtspolitisch einzuordnen. Dies wäre indes Voraussetzung dafür, ein Forschungsvorhaben über LSBTI im Nationalsozialismus kritisch zu reflektieren.

---

[30] Vgl. Tomberger, Homosexuellen-Denkmal, S. 198–203.
[31] Vgl. die Meldung des Evangelischen Pressediensts vom 4.1.2013: „KZ-Gedenkstätte Ravensbrück bekommt keine Gedenktafel für Lesben" (http://m.evangelisch.de/artikel/76155/kz-gedenkstaette-ravensbrueck-bekommt-keine-gedenktafel-fuer-lesben).
[32] Vgl. auch Elisa Heinrich, Wessen Denkmal? Zum Verhältnis von Erinnerungs- und Identitätspolitiken im Gedenken an homosexuelle NS-Opfer, Wien 2011.

Gudrun Hauer

Der NS-Staat – ein zwangsheterosexuelles/ heteronormatives Konstrukt?

1. Feministisch-politikwissenschaftliche Analysen des Staates

Wie die (erinnerungs-)politischen Debatten um das Berliner Homosexuellen-Denkmal gezeigt haben, wird öffentliche Gedächtniskultur im Kontext von Diskriminierung und Verfolgung homosexueller Menschen während der NS-Zeit in erster Linie als schwule Erinnerungspolitik begriffen und medial transportiert[1]. Ein auch wissenschaftlich relevantes Ergebnis der jahrelangen Kontroversen ist die Anerkennung des geschlechterdifferenten Umgangs des NS-Staats mit weiblichen und männlichen Homosexuellen. Dieser Beitrag fragt nach möglichen Ursachen und Funktionen der unterschiedlichen Behandlung der Geschlechter.

Als Erklärungsmodelle bieten sich feministische Analysen des Staates an[2], genauer Untersuchungen des Verhältnisses zwischen Staat und Geschlecht, die in der feministischen Politikwissenschaft Anfang der 1990er Jahre einsetzten. So stellte Eva Kreisky Männerbünde, „Männlichkeit als System"[3], ins Zentrum ihrer Forschung. Diese homosozialen Gemeinschaften, für die in der ersten Hälfte des 20. Jahrhunderts in Europa nicht nur der physische Ausschluss von Frauen konstitutiv war, sondern auch das Weibliche im ideologischen Sinne strikt abgewertet wurde, bildeten auch im NS-Staat ein zentrales Strukturmerkmal. Der „Frauenausschluss aus Staat, Bürokratie sowie Militär und Krieg" verband die Männerbundideologie mit „soldati-

---

[1] Vgl. Stefanie Endlich, Das Berliner Homosexuellen-Denkmal: Kontext, Erwartungen und die Debatte um den Videofilm, und Corinna Tomberger, Das Berliner Homosexuellen-Denkmal: Ein Denkmal für Schwule *und* Lesben?, beide Beiträge in: Insa Eschebach (Hrsg.), Homophobie und Devianz. Weibliche und männliche Homosexualität im Nationalsozialismus, Berlin 2012, S. 167–186 und S. 187–207.
[2] Vgl. Birgit Sauer, Die Asche des Souveräns. Staat und Demokratie in der Geschlechterdebatte, Frankfurt a.M./New York 2001; Ellen Krause, Einführung in die politikwissenschaftliche Geschlechterforschung, Opladen 2003; Gundula Ludwig/Birgit Sauer/Stefanie Wöhl (Hrsg.), Staat und Geschlecht. Grundlagen und aktuelle Herausforderungen feministischer Staatstheorie, Baden-Baden 2009.
[3] Eva Kreisky, Das ewig Männerbündische? Zur Standardform von Staat und Politik, in: Claus Leggewie (Hrsg.), Wozu Politikwissenschaft? Über das Neue in der Politik, Darmstadt 1994, S. 191–208, hier S.192.

schen Erfahrungen und Prinzipien kriegerischer Lebenswelten"[4]. Eine genaue feministisch-historisch-analytische Untersuchung zentraler Institutionen der nationalsozialistischen Diktatur unter diesen Gesichtspunkten steht noch immer aus. Eine weitere spannende Frage wäre, inwieweit die Verbindung von Ernst Fraenkels Theorem vom „Doppelstaat"[5] mit feministischen Staatstheorien einem besseren Verständnis dienen könnte.

Aktuelle feministisch-politikwissenschaftliche Analysen des Staates und seiner Institutionen konzentrieren sich auf aktuelle Veränderungsprozesse als Ergebnis sowie Beförderung von Globalisierung; zudem geht es um das Verhältnis zwischen Staat und Subjekt[6]. Auch Studien, die Heteronormativität als Konstitutionsprinzip staatlicher Ordnungen in das Zentrum ihrer Analysen rücken, beschränken sich derzeit noch auf aktuelle politische Prozesse insbesondere in hegemonial weißen industrialisierten Regionen[7]. Diese Interpretationen ermöglichen nur unzureichende Analysen der Ursachen, Funktionen und Auswirkungen des geschlechterdifferenten Umganges mit weiblichen und männlichen Homosexuellen. Eine Einbeziehung von Untersuchungsergebnissen der Frauen- und Geschlechterforschung zum Nationalsozialismus[8] hilft nicht viel weiter: Auch wenn sie das „dichotome Schema der Opfer- oder Täterschaft von deutschen nicht-verfolgten Frauen im ‚Dritten Reich'"[9] nicht mehr verfolgen, perpetuieren sie weiterhin den „blinden Fleck" Homosexualität(en) im NS-Staat.

---

[4] Eva Kreisky/Marion Löffler, Maskulinismus und Staat: Beharrung und Veränderung, in: Ludwig/Sauer/Wöhl (Hrsg.), Staat und Geschlecht, S. 75–88, hier S. 80.
[5] Ernst Fraenkel, Der Doppelstaat, Hamburg ³2012.
[6] Vgl. Ludwig/Sauer/Wöhl (Hrsg.), Staat und Geschlecht.
[7] Vgl. Heike Raab, Sexuelle Politiken. Die Diskurse zum Lebenspartnerschaftsgesetz, Frankfurt a.M./New York 2011; Gundula Ludwig, Geschlecht regieren. Zum Verhältnis von Staat, Subjekt und heteronormativer Hegemonie, Frankfurt a.M./New York 2011; Helga Haberler u.a. (Hrsg.), Que[e]r zum Staat. Heteronormativitätskritische Perspektiven auf Staat, Macht und Gesellschaft, Berlin 2012.
[8] Vgl. A.G. Gender-Killer (Hrsg.), Antisemitismus und Geschlecht. Von „effeminierten Juden", „maskulinisierten Jüdinnen" und anderen Geschlechterbildern, Münster 2005; Johanna Gehmacher/Gabriella Hauch (Hrsg.), Frauen- und Geschlechtergeschichte des Nationalsozialismus. Fragestellungen, Perspektiven, neue Forschungen, Innsbruck 2007; Elke Frietsch/Christina Herkommer (Hrsg.), Nationalsozialismus und Geschlecht. Zur Politisierung und Ästhetisierung von Körper, „Rasse" und Sexualität im „Dritten Reich" und nach 1945, Bielefeld 2009.
[9] Elke Frietsch/Christina Herkommer, Nationalsozialismus und Geschlecht: eine Einführung, in: dies. (Hrsg.), Nationalsozialismus und Geschlecht, S. 9–44, hier, S. 10.

2. Öffentlichkeit und Privatheit

Ein mögliches geeignetes Denk- und Erklärungsmodell stammt gleichfalls aus der feministischen Politikwissenschaft und nimmt die Trennung zwischen Privatheit und Öffentlichkeit, zwischen *private sphere* und *public sphere*, als Ausgangspunkt[10]. Schlüsseltext ist Carole Patemans Untersuchung „The Sexual Contract"[11] über die Geschichte verschiedener Theorien des Gesellschaftsvertrags. Demnach basiert das patriarchale Geschlechterverhältnis der Moderne auf einem *sexual contract* zwischen Männern und Frauen, welcher Männern die Sphäre der Öffentlichkeit, auch das Politische, und Frauen die Sphäre des Privaten, das Häusliche, zuweist. Dieser Vertrag ist nicht nur einer zwischen Individuen, sondern in erster Linie ein gesellschaftlicher Geschlechtervertrag; streng genommen ist er ein Vertrag zwischen zwei verschiedenen (sexuellen) Körpern. Im Kern ist er ein heterosexueller Vertrag – wobei Heterosexualität in erster Linie nicht als Form des privaten, persönlichen Begehrens zwischen zwei Individuen zweier Geschlechter zu verstehen ist, sondern zugleich als das politische Konstitutions- und Konstruktionsprinzip der neuzeitlichen politischen Ordnung, mit Auswirkungen auf Recht, Politik, Staat und Nation. Sexuelle Differenz wird hiermit zur politischen Differenz.

An den Frauenkörper wie an den Männerkörper sind bestimmte, jeweils unterschiedliche soziale, politische, ökonomische Rechte geknüpft. Öffentlichkeit (Staat, Politik) und Privatheit (Familie, häusliche Lebenswelten) gelten in den politischen Diskursen der Neuzeit als strikt voneinander getrennte, zugleich aber aufeinander bezogene Sphären. Sie sind hochgradig vergeschlechtlicht: Frauen ist der Bereich des Privaten und Männern der Bereich des Öffentlichen zugewiesen. In dieser geschlechterhierarchischen Arbeitsteilung wird Männern die außerhäusliche Erwerbsarbeit zugewiesen, Frauen die private Fürsorge- und Reproduktionsarbeit. Als wertvoll im Sinne von wertschaffend gilt ausschließlich die Erwerbs- beziehungsweise Lohnarbeit. Frauen stellen (unabhängig von eigener Erwerbstätigkeit) die unerlässliche Bedingung dafür her, dass Männer ausschließlich in der öffent-

---

[10] Vgl. Gudrun Hauer, Homosexuelle Frauen und Männer als GrenzgängerInnen zwischen privat und öffentlich. Vortragsmanuskript für die 3-Länder-Tagung „Politik und Persönlichkeit" der Österreichischen Gesellschaft für Politikwissenschaft in Wien 2006 (www.oegw.at/tagung06/papers/ak2_hauer.pdf); Gudrun Hauer, Nationalsozialismus und Homosexualität. Anmerkungen zum „lesbischen Opferdiskurs", in: Maria Froihofer/Elke Murlasits/Eva Taxacher (Hrsg.), L[i]eben und Begehren zwischen Geschlecht und Identität, Wien 2010, S. 132–139.

[11] Vgl. Carole Pateman, The Sexual Contract, Cambridge 1988.

lichen Sphäre tätig sein können. Die Sphäre der Privatheit wiederum ist nicht nur der Raum, in dem die aus der öffentlichen Sphäre ausgeklammerten Affekte und Wünsche entfaltet und ausgelebt werden sollen, sondern zugleich ein „Ort des Geheimen"[12], der die Abhängigkeit der Frau vom Mann und das Macht- und Gewaltverhältnis zwischen den Geschlechtern verschleiert und zugleich legitimiert. Wie Sieglinde Rosenberger betont, verfügen Frauen gerade in der Sphäre des Privaten nicht über Privatheit für sich selbst im Sinne von Selbstbestimmung. Definitionen von Öffentlichkeit zeichnen sich allerdings durch begriffliche Unschärfen und uneindeutige Abgrenzungen aus, wie Sabine Lang betont: „Bis heute bleibt es der individuellen Betrachtungsweise vorbehalten, Öffentlichkeit als Raum oder als Handlung, als sozialen oder geographischen Ort oder als bestimmte Aktionsform zu begreifen."[13]

Die Vergeschlechtlichung dieser beiden Sphären bedeutet nicht nur eine Maskulinisierung des Öffentlichen und eine Feminisierung des Privaten, sondern auch einander ausschließende Zuschreibungen von bestimmten Geschlechterbildern: Männer, das Männliche, sind Vernunft, Rationalität, Geist und Kultur, sie sind die un-, beziehungsweise übergeschlechtliche Norm; Frauen, das Weibliche, sind Gefühl, Irrationalität, Körper, Natur, Materie, sie sind das sexuell Andere, das Abweichende vom Männlichen.

Wichtige Konsequenzen des Ausschlusses von Frauen aus dem „historisch immer wieder labilen, aber ideologisch und insbesondere wissenschaftlich abgesicherten Männerpakt" sind die Minderbewertung weiblicher Arbeit (speziell der Reproduktionsarbeit) und der generelle Ausschluss von Frauen aus der öffentlichen Sphäre; Frauen werden unsichtbar (gemacht).

Vergeschlechtlichung im Sinne einer differenten Zweigeschlechtlichkeit impliziert daher naturwüchsig und scheinbar natürlich eine Hierarchisierung zwischen den differenten Geschlechtern, eine Vorrangstellung des Mannes und des Männlichen gegenüber der Frau und dem Weiblichen; letztere sind dem Mann und dem Männlichen zu- und untergeordnet, ihr rechtlicher wie politischer und ökonomischer Status ist ein vom Männlichen

---

[12] Sieglinde Katharina Rosenberger, Privatheit und Politik, in: Eva Kreisky/Birgit Sauer (Hrsg.), Geschlechterverhältnisse im Kontext politischer Transformation, Opladen/Wiesbaden 1998, S. 120–136, hier S. 129 (PVS, Sonderheft 28); das Folgende nach ebenda, S. 126.
[13] Sabine Lang, Öffentlichkeit und Geschlechterverhältnis. Überlegungen zu einer Politologie der öffentlichen Sphäre, in: Eva Kreisky/Birgit Sauer (Hrsg.), Feministische Standpunkte in der Politikwissenschaft. Eine Einführung, Frankfurt a.M./New York 1995, S. 83–121, hier S. 83; das folgende Zitat findet sich ebenda, S. 85.

abgeleiteter, somit kein autonomer. Die Aufnahme und Analyse der Kategorie Geschlecht als sozialwissenschaftliches Konzept weist Vorstellungen des biologischen Determinismus zurück, blendet jedoch nicht das Kriterium der Leiblichkeit aus, wie Eva Kreisky betont[14].

Eine wichtige notwendige Implikation dieser Vergeschlechtlichung ist der Ausschluss. Nicht nur der Ausschluss von Frauen im Sinne realer Personen aus der Sphäre des Öffentlichen, des Politischen, sondern damit verbunden auch der Ausschluss bestimmter Affekte und Merkmale, ja essentiellen Bestandteilen des Lebendigen, des im weitesten Sinne Menschlichen, wie Iris Marion Young hervorhebt:

„Wenn davon ausgegangen wird, daß die Vernunft zum Begehren, zur Affektivität und zur Körperlichkeit in einem Gegensatz steht, dann muß die bürgerliche Öffentlichkeit die körperlichen und affektiven Aspekte der menschlichen Existenz ausgrenzen."[15]

Sexualität im weitesten Sinne wird im Alltagsverständnis üblicherweise dem Privaten zugeordnet; Sexualität und Politik scheinen zwei einander ausschließende Begriffe zu sein. Bei genauem Hinsehen erweist sich dies aber keineswegs als zutreffend[16]. Diese Feststellungen gelten auch für die Geschichte der Homosexualitäten.

3. Homosexualitäten und Politik

In diesem Zusammenhang ist eine Differenzierung zwischen Frauen und Männern unerlässlich. Erst eine Berücksichtigung der unterschiedlichen gesellschaftlichen Rollen beider Geschlechter kann den differenten und differenzierenden Umgang von Gesellschaft, Recht und Staat mit als homosexuell definierten (und sich selbst definierenden) Personen beider Geschlechter erklären. Umgekehrt zeigen die zugewiesenen sozialen Rollen von weiblichen und männlichen Homosexuellen gewissermaßen die Möglichkeiten und Grenzen der jeweiligen Geschlechtsrolle auf, gerade indem sie diese über-

---

[14] Vgl. Eva Kreisky, Gegen „geschlechtshalbierte Wahrheiten". Feministische Kritik an der Politikwissenschaft im deutschsprachigen Raum, in: Kreisky/Sauer (Hrsg.), Standpunkte, S. 27–62, hier S. 44.
[15] Iris Marion Young, Unparteilichkeit und bürgerliche Öffentlichkeit. Implikationen feministischer Kritik an Theorien der Moral und der Politik, in: Bert van den Brink/Willem van Reijen (Hrsg.), Bürgergesellschaft. Recht und Demokratie, Frankfurt a. M. 1995, S. 245–280, hier S. 259.
[16] Zur politischen Funktionalisierung und Instrumentalisierung des Sexuellen vgl. Dagmar Herzog, Die Politisierung der Lust. Sexualität in der deutschen Geschichte des 20. Jahrhunderts, München 2005.

schreiten (müssen). Da Frauen als Zuständige für den Bereich des Privaten definiert werden, wird auch ihre Abweichung von der Norm der Heterosexualität als privat gewertet; auf der anderen Seite ist das mann-männliche Begehren ein öffentliches und damit politisch skandalös.

Da alles, was Frauen tun, politisch unsichtbar ist und im Verborgenen der Familie, der häuslichen Sphäre bleibt, ist auch weib-weibliches Begehren keine öffentliche Angelegenheit. Wie Lillian Faderman ausführt, wurden romantische Freundinnenschaften zwischen Frauen akzeptiert oder zumindest geduldet, sofern die beteiligten Frauen ihre Beziehungen im Privatbereich beließen[17]. Männliche Homosexualität gefährdete jedoch das gesellschaftliche, politische Leitbild des seine Affekte und sein Begehren kontrollierenden Bürgers und wurde als Störfall, ja sogar als Bedrohung der politischen Ordnung gewertet. Die gleichgeschlechtliche Sexualität mischte sich in höchst unzulässiger Weise dort ein, wo sie als fehl am Platz galt, nämlich in der öffentlichen, männlich konnotierten Sphäre. Auffällig, jedoch nicht verwunderlich ist, wie häufig männliche Individuen, die homosexuelle Verhaltensweisen an den Tag legten, mit Weiblichkeitsstereotypien beschrieben und definiert wurden (und zum Teil bis heute werden). Homosexuelle Männer galten in diesem Sinne als Geschlechtsverräter, indem sie auslebten, was nur Frauen als legitim (und nur im Privatbereich) zugestanden wurde: „Die Homosexuellen symbolisierten nach allgemeiner Auffassung nicht nur eine Verwirrung der Geschlechter, sondern auch sexuelle Ausschweifung, also eine Verletzung des labilen Gleichgewichts der Leidenschaften."[18]

Beide Geschlechter waren also in unterschiedlicher Weise von den Grenzziehungen zwischen öffentlich und privat betroffen; Homosexuelle verletzten diese Grenzen, sie waren Grenzgängerinnen und Grenzgänger, zugleich Eingeschlossene und Ausgeschlossene. Frauen überschritten die ihnen zugewiesenen Schranken, sobald sie sich die öffentliche Sphäre aneigneten oder den Zugang dazu forderten. Lesbisches Begehren blieb (weitgehend) folgenlos, sofern es in der privaten Sphäre verblieb, Frauen selbst dieses Begehren als privatim und intim verstanden und auf die Forderung nach sozialen oder staatsbürgerlichen Rechten für sich als Frauen verzichteten. Männer verletzten die männliche Ordnung durch das Einbringen privater, sexueller Affekte in die öffentliche Sphäre; schwules Begehren machte den Männer-

---

[17] Vgl. Lillian Faderman, Köstlicher als die Liebe der Männer. Romantische Freundschaft und Liebe zwischen Frauen von der Renaissance bis heute, Zürich 1990.
[18] George L. Mosse, Nationalismus und Sexualität. Bürgerliche Moral und sexuelle Normen, München 1985, S. 36.

körper als sexuellen Körper sichtbar und verstieß gegen das männliche Leitbild des Universalen und Rationalen[19].

Moderne Staaten ab Ende des 19. Jahrhunderts basieren strukturell nicht nur auf Zweigeschlechtlichkeit, sondern im Kern auf hegemonialer Heterosexualität: Ausgeschlossen ist nicht nur das Weibliche, ausgeschlossen sind auch das weib-weibliche und das mann-männliche Begehren. Zwangsheterosexualität[20] bedeutet in diesem Kontext nicht nur die Unsichtbarmachung des weiblich-Homosexuellen und die strafrechtliche Kontrolle und Normierung des männlich-Homosexuellen, sondern die Einebnung und Homogenisierung alles Sexuellen und aller Sexualitäten in Form der Heterosexualisierung als universaler Norm. Die Verwendung dieses Konzepts der Zwangsheterosexualität enthüllt das „geheime" Organisationsprinzip neuzeitlicher Geschlechterverhältnisse mit all seinen Auswirkungen auf die private und die öffentliche Sphäre. So erweisen sich bei genauerem Hinsehen und Hinhören alle visuellen Zeichen sowie alle sprachlichen Zeugnisse aus der NS-Zeit als dominiert von (heterosexueller) Geschlechtlichkeit im weitesten Sinne. Der scheinbar alle Affekte als unerwünscht weiblich abwehrende Männerbund NS-Staat mitsamt allen Institutionen präsentiert sich als getrieben von Irrationalitäten und verleugneten Gefühlen – mit den immanent logischen Konsequenzen Völkermord und imperialistischer Krieg.

---

[19] Hier wäre eine Re-Lektüre von Theweleit (besonders seiner Analysen männlicher Körperbilder) weiterführend; vgl. Klaus Theleweit, Männerphantasien, Bd. 1: Frauen, Fluten, Körper, Geschichte; Bd. 2: Männerkörper. Zur Psychoanalyse des weißen Terrors, Reinbek 1980.

[20] Vgl. zur Begriffsgeschichte Gudrun Hauer/Petra M. Paul, Begriffsverwirrung. Zwangsheterosexualität versus Heteronormativität: Annäherungen an eine Begriffsgeschichte und Definitionsversuch, in: Gigi. Zeitschrift für sexuelle Emanzipation 44/2006, S. 8–13.

DIE 68ER-BEWEGUNG VERÄNDERTE DIE WAHRNEHMUNG DES POLITISCHEN

Ingrid Gilcher-Holtey (Hrsg.)
„1968" - Eine Wahrnehmungsrevolution?
Horizont-Verschiebungen des Politischen
in den 1960er und 1970er Jahren
2013. 138 Seiten, Broschur
€ 16,80

Zeitgeschichte im Gespräch, Band 16
ISBN 978-3-486-71872-0

Ist die 68er-Bewegung „kulturell erfolgreich" gewesen, aber „politisch gescheitert"? Die sechs Studien des Bandes loten die Strukturveränderungen und Grenzverschiebungen des Politischen in den 1960er und 1970er Jahren aus, um die Wirkungen der 68er-Bewegung zu erfassen. Sie wenden sich dem Theater als potentiellem Medium der Inszenierung des Politischen zu, dem Fernsehen als Vermittler und Akteur gesellschaftlicher Proteste, dem „Kursbuch" als Forum der Protestbewegung, ausgewählten Zeitungsredaktionen als Möglichkeitsräumen, der Geschichte einer 1968 geschaffenen Gegeninstitution sowie den andauernden Deutungskämpfen um die „wahre" Erinnerung an „68".

Ingrid Gilcher-Holtey ist Professorin für Allgemeine Geschichte unter besonderer Berücksichtigung der Zeitgeschichte an der Universität Bielefeld.

Ab Herbst 2013 werden die Titel aus dem Oldenbourg Wissenschaftsverlag und dem Akademie Verlag bei De Gruyter auch als eBook und Bundleausgabe (Print + eBook) angeboten.

www.degruyter.com/oldenbourg

Rüdiger Lautmann
Willkür im Rechtsgewand: Strafverfolgung im NS-Staat

1. Verfolgung durch Strafrecht und Justiz in der NS-Diktatur

In der Moderne bildeten Strafrecht und Strafjustiz die stärkste Waffe in den Auseinandersetzungen um die Durchsetzung von Heteronormativität. Ihre Begründungen bezogen sie aus Vorstellungen über Sünde und Natur, in denen die antiken Ideen über Liebe und Erotik verleugnet wurden. Vom 18. Jahrhundert an formierte sich diskursiv die Figur der Heterosexualität, immer vor dem Hintergrund zunehmender Sanktionen gegen „sodomitische" Akte[1]. Im 19. Jahrhundert griff dann die Medizin dieses Thema auf und konstruierte eine Krankheit, nach deren Therapie bis heute erfolglos gesucht wird. Die Psychiatrie verbündete sich mit der Strafjustiz, von der sie Anschauungsfälle und Gutachtenaufträge bezog. Der Strafbetrieb gewann an Fahrt – parallel zu einem juristischen Reformdiskurs in der ersten Hälfte des 19. Jahrhunderts. Sein Resultat war der langlebige § 175 im 1871 installierten deutschen Strafgesetzbuch. Parallel zur Gesetzesdiskussion steigerte sich die Zahl der Gerichtsprozesse. Verläufe und Ursachen der seither intensivierten Strafverfolgung sind bislang nur in groben Zügen untersucht. Sowohl die Geschichts- als auch die Strafrechtswissenschaft haben hier ungebührlich gezögert. Diese unrühmliche Haltung prägt auch den Forschungsstand zur antihomosexuellen Strafverfolgung während des Nationalsozialismus[2].

Die Verurteilungen nach § 175 RStGB verzehnfachten sich von 1933 bis zu ihrem kriminalstatistischen Höhepunkt 1938[3]. Hatten die Homosexuellen vor den Strafrichtern des Dritten Reichs eine andere Behandlung zu erwarten als seitens der gleichgeschalteten Polizei? Beide Instanzen setzten den Straf-

---

[1] Vgl. Wolfgang Schmale, Geschichte der Männlichkeit in Europa (1450–2000), Wien 2003, S. 214–224.
[2] Erfreuliche Ausnahmen: Hans-Christian Lassen, Der Kampf gegen Homosexualität, Abtreibung und „Rassenschande". Sexualdelikte vor Gericht in Hamburg 1933–1939, in: „Für Führer, Volk und Vaterland…" Hamburger Justiz im Nationalsozialismus, hrsg. von der Justizbehörde Hamburg, Hamburg 1992, S. 216–289; Burkhard Jellonnek, Homosexuelle unter dem Hakenkreuz, Paderborn u. a. 1990.
[3] Vgl. Günter Grau, Lexikon zur Homosexuellenverfolgung 1933–1945. Institutionen, Personen, Betätigungsfelder, Münster 2011, S. 302 f.

rechtsparagrafen in seiner jeweils gültigen Fassung um, beide verfügten dabei über gewisse Ermessensspielräume, arbeiteten in anderen Hierarchien und waren dem Staat auf verschiedene Weise verpflichtet. Eine detaillierte Analyse der Rechtsprechungstätigkeit steht bislang aus[4]. In diesem Aufsatz soll über eine Vorstudie dazu berichtet werden.

Die Polizei wurde von den Nationalsozialisten schnell durchdrungen. Dass die NSDAP das preußische Innen-, sprich Polizeiministerium erobert hatte, hatte ihnen bereits frühzeitig im Zuge ihrer Machtübernahme genützt. Alsbald wurden die Ordnungshüter auch zur Homosexuellenrepression eingesetzt[5]. Schnell ergänzten parallele NS-Neugründungen die vorhandenen Einrichtungen: Neben die Polizei trat die Gestapo, neben den regulären Strafvollzug das Konzentrationslager. Während Heinrich Himmler, der Reichsführer-SS, die Leitung des gesamten Polizeiapparats übernahm, blieb der Strafvollzug im Geschäftsbereich des Justizministeriums, ebenso wie die Strafgerichte, für die es (abgesehen vielleicht vom Volksgerichtshof) auch keine NS-Parallelorganisation gab. Um die Justiz gleichzuschalten, musste sie politisch durch die Gesetzgebung und die ministerielle Personalpolitik in die Zange genommen werden. Dies geschah, wobei die bestehende Struktur der Rechtsprechung (organisatorischer Aufbau, prozessrechtlich geregelte Arbeit) unangetastet blieb. Wenn also eine von Weimar und sogar vorrepublikanischer Tradition überkommene Verfahrensweise im NS-Staat ihren Bestand behielt und bis heute behalten hat, konnten dann angeklagte Homosexuelle eher auf Gerechtigkeit vertrauen?

Das könnte die These vom „Doppelstaat" nahelegen, als den Ernst Fraenkel das NS-Regime bereits 1941 charakterisierte. Demnach herrschte einerseits Willkür und Terror, wo dies den politischen Instanzen zur Durchsetzung ihrer Ziele zweckmäßig erschien (Maßnahmenstaat), andererseits galten die gesetzliche Ordnung und das Prinzip Legitimation durch Verfahren (Normenstaat) fort, solange sie nicht mit den Absichten der Machthaber kollidierten. Fraenkel stützte seine von der Forschung überwiegend akzeptierte These auf eigene Erfahrungen sowie auf eine Auswertung von

---

[4] Vgl. aber Carola von Bülow, Der Umgang der nationalsozialistischen Justiz mit Homosexuellen, Diss., Oldenburg 2000. Die Studie behandelt schwerpunktmäßig den Strafvollzug in den Emslandlagern und drei weiteren niedersächsischen Haftanstalten. Auch die Justizpraxis wird erörtert, allerdings nicht auf Grundlage der Prozessakten, sondern nur anhand der in den Personalakten des Strafvollzugs enthaltenen Urteile.
[5] Vgl. dazu eingehend Andreas Pretzel/Gabriele Rossbach, Homosexuellenverfolgung in Berlin 1933–1945, Berlin 2005.

Gerichtsentscheidungen. Er meinte, „im Nebeneinander eines seine eigenen Gesetze im allgemeinen respektierenden Normenstaats und eines die gleichen Gesetze missachtenden Maßnahmenstaats einen Schlüssel zum Verständnis der nationalsozialistischen Herrschaftsordnung gefunden zu haben"[6].

Das Verhältnis von Normen- und Maßnahmenstaat war jedoch nicht symmetrisch in dem Sinne, dass jedes der beiden Systeme über einen fest abgegrenzten Zuständigkeitsbereich verfügt hätte, in dem es nach seiner eigenen Herrschaftslogik frei schalten und walten konnte. Denn der Maßnahmenstaat hatte zum Objekt das Politische, und was als politisch anzusehen war, das bestimmte er selbst. Die Repräsentanten des Regimes bestritten gerne, dass es Bereiche gebe, in denen der NS-Staat nicht auf der Grundlage von Recht und Gesetz handele. Fraenkel beobachtete, dass sich bis 1938 (dem Ende seines Untersuchungszeitraums) der größte Teil des gesellschaftlichen Lebens in rechtlich geordneten Bahnen bewegte.

Das NS-Regime inszenierte sich als eine Art „halbierter Rechtsstaat". Die Gerichte bemühten sich mehr oder weniger redlich, die Wirksamkeit des Rechts aufrechtzuerhalten. Auch Nationalsozialisten hielten Rechtsunsicherheit für politisch unzweckmäßig. Allerdings erlagen die Organe des Normenstaats angesichts der Praxis des Maßnahmenstaats der Versuchung, ihre Spielräume zu erweitern, sodass maßnahmenstaatliche Elemente zunehmend auch die Tätigkeit des Normenstaats prägten. Als Beispiel ließe sich anführen, dass die (dem Normenstaat zuzurechnende) Kriminalpolizei angesichts der für effizient erachteten Gestapo-Institution „Schutzhaft" (ein Instrument des Maßnahmenstaats) nach einer ähnlichen Einrichtung verlangte und mit dem Institut der „Vorbeugungshaft" auch erhielt. Mit zunehmender Dauer der NS-Herrschaft durchdrang der Maßnahmenstaat auch den Normenstaat. In unserer Analyse haben wir Fraenkels Gegenüberstellung beibehalten – nicht im Sinne einer historischen Beschreibung der Transformation staatlicher Bürokratien unter dem Nationalsozialismus[7], sondern als zwei Idealtypen, welche die Pole eines Kontinuums bezeichnen, auf dem die Strafurteile verortet werden.

---

[6] Ernst Fraenkel, Der Doppelstaat, Frankfurt a. M. 1974, S. 13.
[7] Die aktuelle Forschungsliteratur betont nicht mehr den Gegensatz zwischen Willkürakten und geregelten Verfahren, sondern die Etablierung neuer politischer Normen sowie die arbeitsteilige, von Spannungen und Konkurrenzen geprägte Kooperation diverser Akteure bei der NS-Verfolgung; vgl. etwa Michael Wildt, Die politische Ordnung der Volksgemeinschaft. Ernst Fraenkels „Doppelstaat" neu betrachtet, in: Mittelweg 36 12 (2003/04) H. 2, S. 45–61; Sven Reichardt/Wolfgang Seibel (Hrsg.), Der prekäre Staat. Herrschen und Verwalten im Nationalsozialismus, Frankfurt a. M. 2011.

An den kontinuierlich ergehenden Urteilen müsste sich die Entwicklung ablesen lassen. Die These vom Doppelstaat wird vor allem für die ersten Jahre des NS-Regimes akzeptiert[8]. Zumindest für die späteren Jahre würde die alternative Interpretation von Franz Neumann greifen, der das NS-Regime insgesamt als „Unstaat" qualifizierte (als das Ungeheuer Behemoth aus der jüdischen Mythologie), in dem „die herrschenden Gruppen die übrige Bevölkerung direkt kontrollieren, ohne die Vermittlung durch den wenigstens rationalen, bisher als Staat bekannten Zwangsapparat"[9].

Was den Homosexuellen in der Justizmaschinerie widerfuhr, muss also keine blanke Willkür gewesen sein, sondern könnte die wohlorganisierte und routinierte Ausführung geltenden (wenn auch nicht mehr demokratisch legitimierten) Rechts in einem einigermaßen zivilisierten Verfahren gewesen sein. Tatsächlich scheint der gewöhnliche Homosexuelle von jener berüchtigten Terrorjustiz, wie sie sich vor dem Volksgerichtshof, vor den regionalen Sondergerichten oder vor Kriegsgerichten austobte, durchweg verschont geblieben zu sein. Erfuhren die Homosexuellen im NS-Staat also Recht im Unrecht durch einen zwischen Anpassung und Unterwerfung schwankenden Justizapparat[10]? Dieser Vermutung muss sorgfältig nachgegangen werden.

Für den rechtsstaatlichen Anteil gilt es zu prüfen, ob er diesen Namen überhaupt verdient und inwieweit eine Kontinuität besteht – sowohl zu den Zeiten vor 1933 als auch zu jenen nach 1945. Derartige Fragen sind bislang zwar gelegentlich gestellt, aber nicht beantwortet worden. Angesichts der Tendenz, das NS-Regime im Ganzen als Unrechtsstaat zu qualifizieren, wird für gewöhnlich auch die strafrechtliche Verfolgung der Homosexuellen als „nationalsozialistischer Terror" angesehen. Abgesehen von der historiographischen Ungenauigkeit hat das die Nebenfolge, dass die staatliche Homophobie vor und nach dem Dritten Reich verdeckt bleibt. Auch kann eine Singularität der damaligen NS-Schwulenverfolgung nicht ohne weiteres

---

[8] Vgl. Wolfgang Luthardt, Unrechtsstaat oder Doppelstaat? in: Archiv für Rechts- und Sozialphilosophie, Beiheft 18/1983, S. 197–209; Alexander von Brünneck, Vorwort des Herausgebers zur 2. Auflage, in: Ernst Fraenkel, Der Doppelstaat, hrsg. von Alexander von Brünneck, Hamburg 2., durchgesehene Aufl. 2001, S. 9–18.
[9] Franz Neumann, Behemoth. Struktur und Praxis des Nationalsozialismus 1933–1944, Frankfurt a. M. 1984, S. 534.
[10] Vgl. Michael Stolleis (Hrsg.), Recht im Unrecht. Studien zur Rechtsgeschichte des Nationalsozialismus, Frankfurt a. M. ²2006; Lothar Gruchmann, Justiz im Dritten Reich 1933–1940. Anpassung und Unterwerfung in der Ära Gürtner, München ³2001.

unterstellt werden: Warum stiegen im sozialdemokratisch-liberalen Schweden die Strafanklageziffern ab 1935 stark an[11]?

Die unter Laien übliche Rede vom „Naziparagrafen 175" ist ungenau und vergröbert die historischen Verhältnisse. Immer noch gilt es zu erforschen, worin die Besonderheiten der NS-Homosexuellenverfolgung bestehen, und was zum unspezifisch Allgemeinen der Repression in den ersten zwei Dritteln des 20. Jahrhunderts gehört. Kurz: Welche Repression war „normal" und welche NS-spezifisch? Diesen Fragen und Themen kann auf der Ebene der Strafjustiz auf folgende Weise nachgegangen werden[12]:

1. Wie reagierte die Strafjustiz bei der Rechtsanwendung auf die sexualpolitisch-ideologischen und legislativen Vorgaben des Regimes? Wurden Homosexuelle in der Urteilspraxis der Gerichte als Feindgruppe der Nazis erkennbar oder blieben die Homosexuellen für die Justiz „gewöhnliche Kriminelle", die unter den Bedingungen der Nazi-Herrschaft (wie andere Kriminelle auch) nur härter als zuvor angefasst wurden?
2. Ein Vergleich mit dem Wandel der Urteilspraxis bei anderen Delikten.
3. Eine Periodisierung der Urteilspraxis für die verschiedenen Stadien der Diktatur, abhängig von markanten Ereignissen nationalsozialistischer Ideologisierung oder rechtspolitischen Zäsuren.
4. Wie schlug sich die Entwicklung in der Rechtsprechung insgesamt nieder (Strafmaß, Urteilsbegründungen, Duktus von Urteilstexten)?
5. Welches Maß an Freiheit, Unabhängigkeit und „Gerechtigkeit" – grundlegende Elemente seines beruflichen Selbstverständnisses – konnte oder wollte sich der einzelne Richter bei seinen Entscheidungen gegenüber Homosexuellen leisten? Folgte er (der 1933 nicht den Dienst quittierte) aus innerer Überzeugung oder als Mitläufer der neuen Politik? War er bereit, ihr auch sein richterliches Handeln anzupassen? Oder blieb er als Berufsjurist vielleicht doch zunächst dem Gedanken der Rechtsstaatlichkeit verpflichtet und widersetzte sich, wo ihm dies angebracht erschien, der zunehmenden Politisierung der Justiz – vielleicht sogar bei der Bewertung des strafbaren Handelns schwuler Männer?
6. Wie nahmen die von der antihomosexuellen Rechtsprechung betroffenen Männer die Rolle der Justiz wahr? Empfanden sie die Justiz als Willkür- und Terrorinstrument des NS-Staats oder könnten sie sich in der Obhut

---

[11] Vgl. Jens Rydström, „Sodomitical Sins are Threefold". Typologies of Bestiality, Masturbation, and Homosexuality in Sweden, 1880–1950, in: JHS 9 (2000), S. 240–276, hier S. 268.
[12] Die folgenden Fragestellungen und Untersuchungsebenen wurden von Dr. Christian Höffling formuliert.

der Justiz vor Schlimmerem bewahrt gesehen haben? Denn die Untersuchungshaft oder Haftstrafen schützte sie zumindest vor den Folterkellern der Gestapo oder den Konzentrationslagern.
7. Wie nahm die Justiz selbst ihre Rolle und die Folgen ihres Wirkens wahr? Auch hier bestehen zwei Möglichkeiten: Die Justiz konnte sich selbst als aktiver Teilnehmer bei der Gestaltung der Verhältnisse im nationalsozialistischen Staat begreifen, oder sie betrieb auch unter den Gegebenheiten der Diktatur in erster Linie ihr professionelles Geschäft und exekutierte geltendes Recht.

Am Ende könnte sich ergeben, dass der justizielle Verfolgungseifer sich in gewissen Grenzen gehalten hat und dass der Gang durch die Mühlen der Strafjustiz vergleichsweise noch das kleinere Übel gewesen ist. Dieses Resultat wäre möglich. Dafür spricht auch die verschiedentlich dokumentierte Überlieferung, dass Hitler dem Juristenstand misstraute und nicht zuletzt deswegen für viele Terrorakte eine normative Grundlage, also den Anschein von Recht schaffen ließ. Mit dem 1935 verschärften § 175 konnten die Richter davon ausgehen, nach nationalsozialistisch genehmem Recht zu urteilen; zugleich vermochten sie, einen positivrechtlichen Rahmen einzuhalten.

Die Möglichkeiten widersprechen einander nicht vollständig, decken sich aber auch nicht. Sie charakterisieren „die schrittweise Verwandlung des Rechtsstaats in ein Terrorsystem"[13] gegenüber dem Nebeneinander des Normen- und Maßnahmenstaats bis 1945. Beide Sichtweisen vereint, dass sich der NS-Charakter auch in der Justiz immer stärker durchsetzte. Es trennt sie, dass die NS-Ideologie den Staat nicht vollständig umgestaltet hat. Man muss das nicht als Gegenhypothese sehen, sondern nur als Aufforderung zur genauen Beschreibung.

Bei der Betrachtung der kollektiven Urteilspraxis lassen sich kaum eindeutige Antworten finden. Denn offenbar reagierte die Justiz nicht einheitlich auf die Impulse des Regimes und im Fall der Schwulen nicht erkennbar terroristisch. Zweifellos verhängten die Gerichte in einzelnen Fällen übermäßig hohe Strafen. Vielfach aber erscheinen die Verurteilungen als routinemäßige Abfertigungen notorischer Gesetzesbrecher.

---

[13] Andreas Pretzel, Vom Staatsfeind zum Volksfeind, in: Susanne zur Nieden (Hrsg.), Homosexualität und Staatsräson. Männlichkeit, Homophobie und Politik in Deutschland 1900–1945, Frankfurt a. M. 2005, S. 217–252, hier S. 218.

2. Ein Forschungsprojekt zu Hamburg

Die hier angesprochenen Forschungsfragen und Vermutungen sind Zwischenresultate einer aufwändigen Aktenuntersuchung. In Hamburg, der zweitgrößten deutschen Stadt, sind die Strafakten aus der Zeit des Dritten Reichs erhalten geblieben. Dieser Bestand bietet eine grandiose Gelegenheit, die Rechtsprechung in allen Facetten zu studieren. Das von mir geleitete, von Günter Grau und Christian Höffling bearbeitete Projekt Diktatur gegen Subkultur erschließt den umfangreichen Hamburger Bestand[14]. Damit ergibt sich eine reizvolle Ergänzung zur Überlieferung in Berlin[15] und zu kleineren Lokalstudien[16].

Unsere Datenbank erfasst mit einem Viertel des eruierten Quellenbestands 430 Strafakten nach § 175 RStGB, die wir mit ausführlichen Porträts aufbereitet haben. Jedes Porträt enthält Angaben zu folgenden Merkmalen: Aktenumfang, Akteninhalt, Anzahl der Instanzen und Angeklagten, Geburtsdatum und -ort des Angeklagten, Personenstand, Wohnsituation, Schulbildung, Stationen des Lebenslaufs, Beruf, politische Zugehörigkeit, § 175-Vorstrafen, andere Vorstrafen, angeklagtes Delikt, Sachverhalt. Ferner gibt es Angaben zu den Ermittlungen: Beginn, Auslöser, Stelle und Verlauf, Anklageerhebung, weitere beteiligte Personen, Gericht und Aktenzeichen, Richter, Staatsanwalt, Verteidigung durch Rechtsanwälte, Antrag der Staatsanwaltschaft, Antrag Verteidigung. Schließlich enthalten die Akten das Urteil: Datum, Umfang und Strafmaß, Urteilsbegründung. Zum Thema Homosexualität erfahren wir etwas über Selbstdarstellung und Fremdwahrnehmung, über eingelegte Rechtsmittel und nicht zuletzt über das weitere Schicksal des Angeklagten.

Die Untersuchung des Hamburger Aktenbestands verharrt derzeit noch auf einer Zwischenebene: Das Material ist erschlossen; für ein Viertel der 1822 Akten sind die Verfahrensmerkmale kodiert und die Urteile paraphrasiert. Eine Fortsetzung lässt sich (bei entsprechender Ausstattung) gut vorstellen. Dann könnten die bis ins Detail aufbereiteten Daten interpretiert oder auch der restliche Teil der Akten ausgewertet werden. Der Vergleich

---

[14] Vgl. den Abschlussbericht Juristisches Vorgehen deutscher Diktaturen gegen die homosexuelle Subkultur, unveröffentlichtes Manuskript, Juni 2006. Das Projekt wurde von der VolkswagenStiftung gefördert.

[15] Ausgewertet in Pretzel/Rossbach, Homosexuellenverfolgung.

[16] Vgl. für Köln Jürgen K. Müller, Ausgrenzung der Homosexuellen aus der „Volksgemeinschaft", Köln 2003, S. 136–157. Vom Landgericht Frankfurt a.M. lagern im Hessischen Hauptstaatsarchiv (Wiesbaden) 180 Strafprozessakten nach § 175 RStG aus der NS-Zeit.

mit anderen Orten und Beständen wäre ein weiterer Analyseschritt. Schließlich ermöglichen die Strafakten auch einen Blick in die Lebenswelt der Homosexuellen.

Die von uns gelesenen Urteile kommen in meist unauffälligem Gewand daher und wirken so, als ob ein rechtsstaatlich geordnetes Verfahren vorangegangen sei, was freilich im Einzelnen zu überprüfen bleibt. Verschiedentlich – wie im folgenden Zitat aus einem der Urteile – sticht eine ausgeprägte NS-Terminologie ins Auge:

„§ 175 StGB soll nicht in erster Linie höchstpersönliche Rechtsgüter des einzelnen schützen, sondern vorwiegend das Interesse der Gesamtheit an der Ordnung des Zusammenlebens innerhalb der Volksgemeinschaft [...]. Die Vergehen nach § 175 StGB haben einen erschreckenden Umfang angenommen. Die Gerichte müssen ihren Teil dazu beitragen, um das deutsche Volk von dieser Entartungserscheinung [...] zu befreien. Der Schutz der Volksgesundheit und der Sauberkeit des öffentlichen Lebens verlangt ein scharfes Einschreiten gegen die homosexuell sich betätigenden Personen."[17]

In der Analyse der NS-Homophobie blieb bislang eine wichtige Dimension unterbelichtet: die Täterseite. Was in der Holocaustforschung einen prominenten Platz einnimmt, hat sich im Hinblick auf die Forschungen zur Homosexuellenverfolgung nie recht etabliert. Schon die alltägliche Haltung der Bevölkerungsmehrheit gegenüber den Gleichgeschlechtlichen ist bislang unerforscht – auch im Hinblick auf Anzeigen und Denunziationen. Ebenso harren die Akten der Strafrichter der historischen Analyse; dabei hat keine andere Tätergruppe ein so aussagekräftiges Dokumentenkorpus hinterlassen. Hier bietet sich eine ebenso günstige wie bedeutsame Forschungsmöglichkeit.

---

[17] Staatsarchiv Hamburg, Rep.-Nr. 37/00074, Urteil des Amtsgerichts Hamburg gegen Rudolf L. vom 7.12.1936, o. P.

Günter Grau
Die Verfolgung der Homosexualität im Nationalsozialismus
Anmerkungen zum Forschungsstand

1. Erst verfolgt, dann marginalisiert

„Das Vergangene ist nicht tot; es ist nicht einmal vergangen." Diese Worte William Faulkners scheinen – wenn auch in anderem Zusammenhang – die Aufarbeitungsgeschichte unseres Themas zu charakterisieren. Denn obwohl mehr als ein halbes Jahrhundert vergangen ist, ist die Vergangenheit noch immer präsent.

Zunächst gilt für die Auseinandersetzung mit diesem speziellen Kapitel nationalsozialistischer Politik, was generell die Geschichte der Aufarbeitung des Nationalsozialismus in der Bundesrepublik charakterisiert. So verlief auch sie „keineswegs linear" und besaß auch „keinen kohärenten ‚Kern', der ihre Dynamik dominiert hätte – zu wenig stellt sie sich als kontinuierlicher Lernprozess dar, zu disparat waren die jeweiligen Ansätze für die mehr oder minder öffentlichen Debatten, zu heterogen auch die Felder, in die sie hineinwirkte beziehungsweise aus denen sie sich speiste"[1]. Zugleich war sie aber auch durch einige Besonderheiten geprägt, die im Folgenden kursorisch vorgestellt werden sollen.

Ins Auge sticht zunächst der Umstand, dass die wissenschaftliche Beschäftigung mit der NS-Antihomosexuellenpolitik relativ spät einsetzte. Erste Studien erschienen erst gegen Ende der 1970er Jahre. Auf den ersten Blick mag das merkwürdig erscheinen. Schließlich hatten die Nazis aus ihrem repressiven Vorgehen kein Geheimnis gemacht. Im Gegenteil. Homosexualität galt ihnen als Gefahr für Bevölkerungswachstum und die sogenannte arische Rasse. Propagiert wurde die „Ausmerzung" der Homosexualität. Diese Forderung richtete sich vor allem gegen deren sichtbare Manifestationen: gegen gerichtsnotorisch wegen einschlägiger Praktiken bekannte sowie gegen bei Razzien an Treffpunkten oder durch Anzeigen entsprechend auffallende Männer. Ihre Verurteilungen erreichten Größenordnungen in einem bis dahin nicht bekannten Ausmaß. Allein von den sogenannten ordentlichen

---

[1] Torben Fischer/Matthias H. Lorenz (Hrsg.), Lexikon der „Vergangenheitsbewältigung" in Deutschland, Bielefeld 2007, S. 13.

Gerichten wurden rund 50 000 Männer verurteilt[2]. Hinzu kamen einschlägige Entscheidungen der Sondergerichtsbarkeit. Kriegsgerichte fällten knapp 6500 Urteile[3]; exakte Zahlen zur Spruchpraxis der SS-Sondergerichte sind nicht überliefert. Dennoch: Trotz der erschreckend hohen Urteilszahlen sollte es nach Ende des „Tausendjährigen Reiches" mehr als drei Jahrzehnte dauern, bis erste Forschungen begannen, die Bekämpfung der Homosexualität durch die Nationalsozialisten kritisch zu untersuchen.

Für diese euphemistisch „verspätet" genannte Hinwendung zur Aufarbeitung der NS-Antihomosexuellenpolitik gibt es eine Reihe von Ursachen. Zu den wichtigsten gehört der Umstand, dass Homosexualität im öffentlichen Bewusstsein bis weit in die 1970er Jahre ein Tabu war. Ihre Akzeptanz als Lebensalternative sexueller Transgressionen sollte sich erst gegen Ende des 20. Jahrhunderts durchsetzen. Bis dahin galt sie als Phänomen, das als „soziale Gefahr" bekämpft werden müsse. Zu den immer wieder genannten Gründen, mit denen die strafrechtliche Verfolgung der Homosexualität gerechtfertigt wurde, gehörten „Schutz der Moral" sowie der Jugend vor „sittlicher Verwahrlosung". Erst 1994 wurde der § 175 im StGB der Bundesrepublik gestrichen.

Eine Folge dieser Politik war die Ausgrenzung der Opfer, und zwar in beiden deutschen Nachkriegsstaaten, auch wenn die Topoi in West- und Ostdeutschland unterschiedlich waren. Politiker aller Parteien in der (alten) Bundesrepublik vertraten die Auffassung, die Verurteilungen seien zu Recht erfolgt. Insofern blieb die genannte Strafnorm weiterhin geltendes Recht, ungeachtet der Tatsache, dass sie unter dem NS-Regime drastisch verschärft worden war[4]. In der DDR hingegen war zwar 1950 die Verschärfung des Strafrechts als „nazistisch" charakterisiert und außer Kraft gesetzt worden, allerdings blieb dies ohne Konsequenzen für die unter NS-Herrschaft Verurteilten, deren Rehabilitierung in der DDR zu keiner Zeit diskutiert worden ist. Der offiziellen Historiographie galt die Herrschaft der SED als „antifaschistisch" und damit per se als frei von NS-Schuld. Integraler Bestandteil dieses Geschichtsverständnisses war der Topos, nach § 175 verurteilte Männer seien keine Kämpfer gegen den Faschismus gewesen. Damit entfiel

---

[2] Vgl. Günter Grau, Lexikon zur Homosexuellenverfolgung 1933–1945. Institutionen, Personen, Betätigungsfelder, Berlin 2011, S. 303.
[3] Vgl. Otto Hennicke, Auszüge aus der Wehrmachtskriminalstatistik, in: Zeitschrift für Militärgeschichte 5 (1966), S. 438–456, hier S. 453 f.
[4] Zu zeitgenössischen Diskussionen in den Parteien vgl. Hans-Georg Stümke/Rudi Finkler, Rosa Listen, Rosa Winkel. Homosexuelle und „Gesundes Volksempfinden" von Auschwitz bis heute, Hamburg 1981, S. 400 ff.

die in der DDR als notwendig geltende Voraussetzung, um sie als Opfer oder Verfolgte anzuerkennen.

Schließlich darf nicht außer Acht gelassen werden, dass bereits länger etablierte gesellschaftliche Vorurteile gegen Homosexualität durch die Nazis erheblich verstärkt worden waren. Nach 1945 existierten diese Vorurteile fort und bestimmten nicht nur Einstellungen der Bevölkerung, sondern auch Werturteilsbildungen in der wissenschaftlichen *Community*. Seit Mitte des 19. Jahrhunderts hatte die Sexualforschung von Homosexualität Befallene als „pervers" eingestuft – eine Bewertung, an der sie bis weit in die 1970er Jahre festhielt. Vor diesem Hintergrund war es für die akademisch etablierte, nichtmedizinische Forschung schlicht und einfach nicht opportun, sich außerhalb sexualpathologischer Paradigmata mit der sozialen Situation homosexueller Männer und Frauen zu beschäftigen. Auch wenn heute kaum jemand wagen würde, die genannten Positionen in der Öffentlichkeit weiterhin zu vertreten, spricht der Umstand, dass noch Anfang des 21. Jahrhunderts keine Universität in Deutschland entsprechende Fragestellungen als Forschungsschwerpunkt ausweist, eine deutliche Sprache.

Erst in den 1970er Jahren sollten sich Veränderungen im Hinblick auf die Notwendigkeit der Aufarbeitung abzeichnen. Initiativen gingen allerdings nicht von Vertretern der vergleichenden Politikwissenschaft oder der akademischen Zeitgeschichte aus, vielmehr kamen sie aus der Betroffenengruppe selbst. Es waren Angehörige der Nachkriegsgeneration schwuler Männer, die das Verschweigen der Schicksale homosexueller Männer unter dem NS-Regime anprangerten und eine Rehabilitierung der Opfer forderten. Ermutigt sahen sie sich durch die neu konstituierte Schwulenbewegung, in deren Aktionen das „Infrage-Stellen" eine wichtige Rolle spielte. Ihre Forderungen rüttelten an Grundpfeilern der bürgerlichen Gesellschaft, an der herrschenden Sexualmoral, am Ideal der Kleinfamilie und an traditionellen Geschlechterrollen. Proteste richteten sich auch gegen die fortdauernde Kriminalisierung der Homosexualität. Lautstark wurde deren Aufhebung gefordert und zugleich verlangt, verhängte Urteile als nationalsozialistisches Unrecht anzuerkennen sowie betroffene Männer zu rehabilitieren und zu entschädigen. Die Aktionen erreichten rasch einen beträchtlichen Öffentlichkeitsgrad, nicht nur durch die Resonanz in den Medien, sondern auch und vor allem durch die Stellungnahmen der Parteien, die – wie schon in den Jahren zuvor – alle diese Forderungen ablehnten. Die politische Polarisierung – einerseits das Festhalten der Parteien an der unter dem NS-Regime verschärften strafrechtlichen Bestimmungen und andererseits die Forderungen aus der Schwulenbewegung, diese aufzuheben – sollte als Katalysator wirken, sich fortan intensiv mit der Erforschung der NS-Antihomosexuellenpolitik zu beschäftigen. Schließlich hatten die Polemiken unter anderem einen Mangel zutage treten lassen: beträchtliche Lücken in der Aufarbeitung. Sie zu schließen und damit zu einer differenzierten wie auch wissenschaftlich fundierten Bewertung beizutragen, sollte zum Movens für entsprechende Recherchen einzelner Forscher und Forscherinnen werden. Ab 1977 erschienen erste sozialwissenschaftliche Studien und markierten damit eine Zäsur in der Diskursgeschichte der Homosexuellenverfolgung.

Allerdings folgt daraus nicht, dass es in den Jahren zuvor keine diesbezüglichen Diskussionen gebeten hätte. Wie generell für die Geschichte der Aufarbeitung des Nationalsozialismus zutreffend, genügt es nicht, nur die politischen Debatten und Kontroversen in Blick zu nehmen. Relevant sind auch „die vielfältigen ästhetischen Spiegelungen des Phänomens, die administrativen und juristischen Entscheidungen einer Vergangenheitspolitik, die übergeordneten mentalitätsgeschichtlichen Prozesse, der Umgang mit den Orten des Gedenkens, schließlich die Bilder, Kollektivsymbole und Narrative der Erinnerung"[5]. Diese vielgestaltige Debatten- und Diskursgeschichte zur Aufarbeitung unseres Themas lässt sich im Rahmen dieses summarischen Überblicks nicht in allen Dimensionen nachzeichnen. Näher eingegangen werden soll im Folgenden auf die politischen Debatten zur Aufarbeitung und auf ihre Folgen, und zwar in den drei Zeitabschnitten 1946 bis 1962, 1963 bis 1976 und 1977 bis heute.

2. Blockierte Aufarbeitung 1946 bis 1962

Erste Publikationen über die Konzentrationslager erschienen in den Jahren 1946 bis 1962. Es waren keine Forschungsstudien, vielmehr (teilweise autobiographische) Situationsberichte ehemaliger Häftlinge. Sie beschrieben die Lagersituation einschlägig verurteilter Männern wie auch die sogenannte Lagerhomosexualität. In der zweiten Hälfte der 1950er Jahre rückte das Urteil des Bundesverfassungsgerichts aus dem Jahr 1957 über die wegen Homosexualität in der NS-Zeit gefällten Urteile in den Fokus der gesellschaftlichen Wahrnehmung.

Bereits 1946 wurden zwei Veröffentlichungen von ehemaligen KZ-Häftlingen publiziert: das Buch des Soziologen Eugen Kogon und das der Kabarettistin, Schauspielerin und späteren Nonne Isa Vermehren. Kogons monographische Darstellung über das „System der deutschen Konzentra-

---

[5] Fischer/Lorenz (Hrsg.), Lexikon, S. 13.

tionslager" enthielt einen eigenen Abschnitt zur Situation der schwulen Häftlinge, überschrieben mit „Die Behandlung der Homosexuellen". Es war der erste publizierte Bericht über die Lage der sogenannten Rosa-Winkel-Häftlinge, wenn auch nicht sehr detailliert und überhaupt recht knapp. Brutal sei die SS gegen diese Häftlingsgruppe vorgegangen, „möglicherweise gerade weil die Homosexualität in den Kreisen des preußischen Militärs, der SA und der SS selbst ursprünglich stark verbreitet war"[6]. Während Kogons Darstellung auf Berichten von Häftlingen beruhte, schilderte Isa Vermehren ihre eigenen leidvollen Erfahrungen in verschiedenen KZ. Auf die Lage von Frauen, die wegen lesbischer Beziehungen inhaftiert waren (wenn man sie denn überhaupt als solche im Lager kannte), ging sie nicht weiter ein[7].

Darüber hinaus meldeten sich auch einige einschlägig verurteilte Männer zu Wort. Allerdings zwang sie die fortgeltende juristische Pönalisierung der Homosexualität zur Camouflage. 1947 veröffentlichte Hugo Walleitner seine Erlebnisse im KZ Flossenbürg unter dem Titel „Zebra. Ein Tatsachenbericht aus dem Konzentrationslager"[8]. Den Grund für seine Deportation (Verurteilungen nach § 175) verschwieg er. Andere benutzten ein Pseudonym. So publizierte der schwule Leo Clasen 1954/55 als L.D. Classen von Neudegg insgesamt sechs Berichte über seine Haft in den Konzentrationslagern Sachsenhausen und Oranienburg[9].

Diese Veröffentlichungen beschränkten sich mehr oder weniger auf die Beschreibung von Terror und Gewalt. Lediglich Clasen geißelte die Politik der Nazis gegen Homosexuelle als Unrecht. Da er seine Berichte in einer Zeitschrift für Homosexuelle veröffentlichte, dürften sie in der breiten Öffentlichkeit kaum wahrgenommen worden sein. Und was die erwähnten Schilderungen Kogons und Vermehrens angeht, besteht Grund zu der Annahme, dass sie keine Empathie für die Verurteilten ausgelöst haben dürften.

---

[6] Eugen Kogon, Der SS-Staat. Das System der deutschen Konzentrationslager, München 1946, S. 284.
[7] Vgl. Isa Vermehren, Reise durch den letzten Akt. Ein Bericht (10.2.44 bis 29.6.45), Hamburg 1946, S. 51.
[8] Hugo Walleitner, Zebra. Ein Tatsachenbericht aus dem Konzentrationslager Flossenbürg, Bad Ischl, o.J. (1946).
[9] Vgl. die Beiträge von Leo D. Classen von Neudegg: Die Dornenkrone. Ein Tatsachenbericht aus der Strafkompanie Sachsenhausen; Ein Blick zurück; Aus meinem Tagebuch 1939–1945: KZ Oranienburg; Versuchsobjekt Mensch, und Ecce homo – oder Tore zur Hölle. Aus meinem KZ-Tagebuch, in: Humanitas. Monatszeitschrift für Menschlichkeit und Kultur 2 (1954), S. 58 ff., S. 85 f., S. 163 f., S. 225 und S. 359 f., sowie Aus meinem KZ-Tagebuch, in: Humanitas. Monatszeitschrift für Menschlichkeit und Kultur 3 (1955), S. 385 f.

Das gilt nicht nur für die ersten Jahre nach ihrem Erscheinen, sondern auch für spätere Jahrzehnte.

Ein nachhaltiger Einfluss auf soziale Urteilsbildungen über unter dem NS-Regime einschlägig verurteilte Männer sollte hingegen vom Urteil des Bundesverfassungsgerichts von 1957 ausgehen. Nach einer Verfassungsbeschwerde zweier schwuler Männer gegen ihre Verurteilung, stellte das Gericht fest, dass die unter dem NS-Regime 1935 erfolgte Verschärfung des Homosexuellenstrafrechts „ordnungsgemäß zustande gekommen" sei und nicht „in dem Maße nationalsozialistisch geprägtes Recht" wäre, dass sie für „nicht rechtmäßig zustande gekommen" erklärt werden könne[10]. Die Folgen waren schwerwiegend. Der Homosexuellenparagraf blieb bis 1969 unverändert in Kraft. In der Fremdwahrnehmung galten einschlägig verurteilte Männer als zu Recht verurteilt. Sie selbst erlebten sich erneut als gedemütigt. Die Notwendigkeit von Forschungen zur kritischen Auseinandersetzung mit der NS-Antihomosexuellenpolitik wurde paralysiert.

Gewissermaßen eine Zwischenbilanz der Situation zog 1962 der Religionshistoriker und Schriftsteller Hans-Joachim Schoeps, indem er feststellte, dass für die Homosexuellen „das Dritte Reich noch nicht zu Ende sei"[11]. Das stimmte zwar nicht ganz mit den Tatsachen überein, dürfte jedoch weitgehend der Stimmung unter homosexuellen Männern entsprochen haben.

3. Kampf um den Opferstatus 1963 bis 1976

In diesen Jahren dominierte der Diskurs um die Suche homosexueller Männer nach einer kollektiven Identität. In der Parallelisierung ihres Schicksals mit dem der jüdischen Bevölkerung meinten sie, diese finden zu können. Das NS-Regime habe – so die Behauptung – eine mit der Vernichtung der Juden (dem Holocaust) vergleichbare Politik der Auslöschung der Homosexuellen (einen Homocaust) verfolgt.

Zeitgeschichtlicher Hintergrund der Debatten ist der Frankfurter Auschwitz-Prozess, der im Dezember 1963 begann. Für die Folgemonate rückte er wie kein anderes Ereignis zuvor die NS-Vernichtungspolitik in den Mittelpunkt der gesellschaftlichen Aufmerksamkeit; hier ist eine der wichtigsten Zäsuren in der öffentlichen Erinnerungsgeschichte des Holo-

---

[10] Das Urteil des Bundesverfassungsgerichts vom 10.5.1957 ist abgedruckt in: Dokumentation § 175, hrsg. von der Friedrich-Naumann-Stiftung, Bonn 1981, S. 43.
[11] Hans-Joachim Schoeps, Soll Homosexualität strafbar bleiben?, in: Der Monat 15 (1962) H. 171, S. 19–27, hier S. 22.

caust in der Bundesrepublik zu konstatieren. Ende 1965 wurde ein Teil der Sachverständigen-Gutachten veröffentlicht[12]. Eindringlich dokumentierten die Expertisen die Intensität der Auseinandersetzungen mit den NS-Verbrechen an der jüdischen Bevölkerung. Zwar gingen die Gutachter auch auf die Schicksale anderer Verfolgtengruppen ein, die Situation der Homosexuellen unter dem NS-Regime blieb jedoch ausgeblendet[13].

Ein Jahr später artikulierte ein Feature von Wolfgang Harthauser (alias Reimar Lenz) die dadurch ausgelösten Frustrationen unter schwulen Männern. Gesendet wurde es am 27. Juni 1966 von Radio Bremen unter dem Titel „Der rosa Winkel – Zur Verfolgung der Homosexuellen im Dritten Reich". Es sei an der Zeit, „den an Homosexuellen begangenen Massenmord des Nationalsozialismus aufzuklären, Licht in eines der dunkelsten Kapitel der jüngsten deutschen Geschichte zu bringen"[14].

Eine als Massenmord interpretierte Repressionsgeschichte sollte das verbindende Element sein, aus dem das Gefühl der Zusammengehörigkeit und politische Handlungsfähigkeit erwachsen sollten. In nahezu allen Protestaktionen gegen die fortdauernde Kriminalisierung wurde diese Behauptung aufgegriffen und vertreten. Anfang der 1970er Jahre erhielt sie durch ein Buch einen beträchtlichen Aufmerksamkeitsschub. In der 1972 erschienenen Biographie des Österreichers Heinz Heger (alias Hans Neumann) über den ehemaligen KZ-Häftling Josef K. (= Kohout) hieß es: „Kaum jemand hat bisher aufgezeigt, dass der Wahnsinn Hitlers und seiner Gefolgsleute sich nicht nur gegen die Juden wendete, sondern auch gegen uns Homosexuelle, beide einer ‚Endlösung' zuführend."[15] Auch wenn es für die Behauptung einer Massenvernichtung homosexueller Männer keine Belege gab, wurde der Vergleich zur Vernichtung der Juden wie selbstverständlich gezogen und auch geglaubt, hielt er doch – unabhängig von den historischer Tatsachen – das Maß an Unrecht und gesellschaftlicher Kränkung fest, das die Homosexuellen angesichts anhaltender Strafverfolgung, unterdrückter Verfolgungsgeschichte und verweigerter Wiedergutmachung er-

---

[12] Vgl. Hans Buchheim u. a., Anatomie des SS-Staates, 2 Bde., Olten 1965.

[13] Das ist umso verwunderlicher, als bereits 1958 ein Gutachten des IfZ auf die Bearbeitung des Sachgebiets Homosexualität durch die Gestapo hingewiesen hatte. Vgl. Hans Buchheim, Gutachten des Instituts für Zeitgeschichte, Bd.1, Stuttgart 1958, S. 308–311.

[14] Der Rosa Winkel – Zur Verfolgung der Homosexuellen im Dritten Reich. Eine Dokumentation von Wolfgang Harthauser. Manuskript des von Radio Bremen am 27. 6. 1966 gesendeten Features, S. 3.

[15] Heinz Heger, Die Männer mit dem rosa Winkel, Hamburg 1972, S. 170.

tragen mussten[16]. Erst die Reform des § 175 im Jahr 1969 sollte die Voraussetzungen schaffen, diese Annahme zu überprüfen, wie die Reform überhaupt die Möglichkeit für sozialwissenschaftliche Studien zur NS-Homosexuellenverfolgung eröffnete. Es sollte aber noch Jahre dauern, bevor erste Ergebnisse vorgelegt werden konnten.

4. Fragmentarische Verwissenschaftlichung – Forschungen zur Antihomosexuellenpolitik seit dem Ende der 1970er Jahre

1977 erschien die erste wissenschaftliche Studie, ein Aufsatz von Rüdiger Lautmann, Winfried Grikschat und Egbert Schmidt. Die Untersuchung beruhte auf der Auswertung zeitgenössischer Dokumente, der Häftlingskarteien der Konzentrationslager aus dem Archiv des Internationalen Suchdiensts (ITS) in Bad Arolsen[17]. Damit war methodisch der Weg gewiesen, auf dem in Zukunft zuverlässige Ergebnisse zu gewinnen waren: durch die Auswertung zeitgenössischer Archivalien, ergänzt um Interviews von Zeitzeugen.

In den Folgejahren wurden verschiedene quellenintensive Studien durchgeführt, darunter vor allem lokalgeschichtliche Untersuchungen. Exemplarisch (und in chronologischer Folge ihres Erscheinens) soll hier lediglich verwiesen werden auf Forschungen zu Köln, Hannover, Hamburg, Düsseldorf, Berlin und Bielefeld. Gefragt wurde unter anderem: Wie gerieten Homosexuelle in die Mühlen der Verfolgung? Welchen Anteil hatten Anzeigen und Denunziationen? Wie ermittelten Kripo und Gestapo? Wie verfuhren sie mit den Inhaftierten? Was geschah in den Verhören? Wonach urteilten die Richter?

Schwierig gestaltete sich die Aufarbeitung der Situation in den Konzentrationslagern. Bisher liegen Untersuchungen vor zu den Lagern Dachau, Buchenwald, Auschwitz, Lichtenburg/Torgau, Neuengamme, Bergen-Belsen, Mittelbau-Dora/Nordhausen, Sachsenhausen, zum Männerlager Ravensbrück und zu den sogenannten Emslandlagern. Alle Studien konzentrierten sich auf eine summarische Darstellung des Kollektivschicksals der Homo-

---

[16] Vgl. Dieter Schiefelbein, „…so wie die Juden…" Versuch, ein Mißverständnis zu verstehen, in: Der Frankfurter Engel. Mahnmal Homosexuellenverfolgung, hrsg. von der Initiative Mahnmal Homosexuellenverfolgung e.V., Frankfurt a.M. 1992, S. 35–73, hier S. 49.

[17] Vgl. Rüdiger Lautmann/Winfried Grikschat/Egbert Schmidt: Der rosa Winkel in den nationalsozialistischen Konzentrationslagern, in: Rüdiger Lautmann (Hrsg.), Seminar: Gesellschaft und Homosexualität, Frankfurt a.M. 1977, S. 325–365.

sexuellen in den Lagern. Weitergehende Fragestellungen blieben ausgeklammert: Wie genau verlief die Lagerkarriere der Häftlinge? Mit wem standen sie im Lager in Verbindung? Wie reagierten andere Häftlinge auf sie? Gab es nur ein Kollektivschicksal der Häftlinge mit dem rosa Winkel oder gab es Teilgruppe, deren Lagerleben sich deutlich voneinander unterschied[18]?

Diese Aufzählung könnte den Eindruck erwecken, die Einzelergebnisse ließen sich zu einem Gesamtbild über die Verfolgungspolitik fügen und damit bereits umfassende Aussagen und Schlussfolgerungen ermöglichen. Das wäre ein Trugschluss. Es sind und bleiben Fragmente, auch wenn sie viele Details enthalten und wichtige Einsichten vermitteln. Bei den meisten Arbeiten handelt es sich um Studien der LGBT-Forschung. Und das bedeutet: Es waren zeitlich eng befristete und in der Regel karg finanzierte, Qualifizierungsarbeiten oder Gelegenheitsstudien. Oder anders ausgedrückt: Das jeweilige Thema wurde untersucht, so gut es eben ging; im Mittelpunkt stand die Situation der Opfer.

Zu weiteren Themen, welche die gesellschaftliche Dynamik der NS-Homosexuellenpolitik widerspiegeln, fehlen bis heute wissenschaftliche Arbeiten. Dazu gehören – auch hier ohne Anspruch auf Vollständigkeit – Untersuchungen zu Diskriminierungsstrategien gegen lesbische Frauen, zum Vorgehen der Verfolgungsinstanzen Gestapo, Kripo und Staatsanwaltschaft, zur Situation in den homosozialen Organisationen SS, SA, Wehrmacht und HJ, zur Haltung der Kirchen, zur Mitwirkung der Wissenschaft – hier insbesondere zur Rolle einzelner Persönlichkeiten aus der Rechtswissenschaft, der Medizin, Psychologie und Biologie –, aber auch zu den Auswirkungen auf die Situation homosexueller Männer und Frauen in den von deutschen Truppen besetzten Gebieten sowie in anderen faschistischen Diktaturen.

5. Desideratum – ein Inventar zur Erschließung archivalischer Quellen

Die Liste von Forschungsdesiderata ließe sich fortsetzen. Davon soll jedoch abgesehen und vielmehr auf einen grundsätzlichen Mangel hingewiesen werden, der sich bisher nachteilig auf alle vorliegenden Studien ausgewirkt hat und auch künftige negativ beeinflussen wird: die Schwierigkeit, einschlägige archivalische Quellen zu erschließen. Gegenwärtig ist in den Find-

---

[18] Hier kann nicht detailliert auf einzelne Untersuchungen eingegangen werden; vgl. dazu den Beitrag von Stefanie Wolter in diesem Band.

mitteln der meisten deutschen Archive der Begriff Homosexualität nicht verzeichnet. Das bedeutet: Entsprechende Dokumente – sofern vorhanden – lassen sich nur über aufwändige Recherchen in Beständen ausfindig machen, in denen sie vermutet werden.

Voraussetzung für die anzustrebende größere thematische Breite bei der Untersuchung der NS-Antihomosexuellenpolitik wäre, der Forschung ein Hilfsmittel in Form eines Inventars zur Verfügung zu stellen, das in Frage kommende Quellen in möglichst allen betroffenen Archiven auf Bundes- und Landesebene systematisch erfasst und angemessen beschreibt.

Aufgabe dieses Inventars sollte sein, die entscheidenden Grundinformationen über die disparaten Quellen zu ermitteln und aussagekräftig zusammenzufassen – nach dem Muster: „Was liegt wo zu welchem Sachverhalt". Künftige Forschungen könnten dadurch gezielt und schon im grundsätzlichen Wissen, wie ertragreich die Bestände in einzelnen Archiven voraussichtlich sein werden, geplant und durchgeführt werden.

Verschwiegen werden soll jedoch nicht, dass die Erstellung eines Inventars archivalischer Quellen zur nationalsozialistischen Verfolgung der Homosexualität zeit- und kostenintensiv ist und nur als großes Forschungsprojekt zu realisieren sein wird. Für künftige Forschungsbemühungen wäre es zwar nur ein Hilfsmittel, aber ein Hilfsmittel das in seiner Bedeutung nicht zu unterschätzen ist. Erstmals würde es Voraussetzungen bieten, auch Studien zur NS-Antihomosexuellenpolitik mit übergreifender Sichtweise rationell und mit vertretbarem Aufwand realisieren zu können.

Stefanie Wolter
Lebenssituationen und Repressionen von LSBTI im Nationalsozialismus
Desiderate und Perspektiven der Forschung

1. Forschungsdesiderate

In diesem Beitrag geht es vor allem darum, die wichtigsten Forschungsdesiderate zu benennen und mögliche Perspektiven für Projekte in einem größeren Zusammenhang aufzuzeigen[1].

Staatliche Verfolgung: Immer noch fehlen Regionalstudien zur Tätigkeit von Gestapo, Kripo und Justizbehörden, die Gemeinsamkeiten und Unterschiede in den Strategien der Verfolgung aufzudecken vermögen. Hier sind in den letzten Jahren zwar einige wichtige Arbeiten erschienen, allerdings konzentrieren sich diese primär auf Großstädte wie Hamburg, Berlin und Köln, die bis 1933 über eine lebendige Homosexuellen-Szene verfügten. Neben der erforderlichen Gegenüberstellung von Stadt und Land verspricht der Vergleich zwischen Homosexuellen aus dem Arbeitermilieu und aus dem Bürgertum Erkenntnisgewinne – etwa im Hinblick auf die Frage, ob und wenn ja, warum Angehörige bestimmter sozialer Schichten unterschiedlich verfolgt wurden. Philipp Korom und Christian Fleck haben sich 2012 mit dem sozialen Hintergrund der Verfolgten in Österreich beschäftigt und konstatiert, „dass Normverstöße nur im Falle ausgewählter Bevölkerungsgruppen geahndet wurden, während andere soziale Schichten ihre Sexualität in viel stärkerem Maße ausleben konnten, ohne drangsaliert zu werden"[2]. Ihre (empirisch nicht belegbare) These ist, dass das selektive Vorgehen des Polizei-Gestapo-Apparats gegen vermeintliche Homosexuelle unter Arbeitern als Teil der allgemeinen terroristischen Repression dieser Bevölkerungsgruppe (mit dem Ziel der Einschüchterung) verstanden werden kann. „Dass auch der neue Mittelstand und darunter vor allem die Beamten im Fokus der Repressionen standen", wird vor allem mit der NS-Polykratie zu erklären versucht, „in der die NS-Bewegung allmählich in die innere Verwaltung

---

[1] Zum aktuellen Forschungsstand vgl. den Beitrag von Günter Grau in diesem Band.
[2] Philipp Korom/Christian Fleck, Wer wurde als homosexuell verfolgt? Zum Einfluss sozialstruktureller Merkmale auf die strafrechtliche Verfolgung Homosexueller in Österreich während des Nationalsozialismus und der Zweiten Republik, in: KZfSS 64 (2012), S. 755–782, hier S. 770; das folgende Zitat findet sich ebenda, S. 775.

des Staates vorzudringen versuchte und es gleichzeitig verstand, die Verhaltensmuster der Bevölkerung zu regulieren". Um solche Thesen für das sogenannte Altreich zu überprüfen, sind quantitative Auswertungen unterschiedlicher behördlicher Überlieferungen vorzunehmen[3].

Auch für die Justiz sind noch Fragen offen: Bildeten sich an den Gerichten spezielle Zuständigkeiten heraus? Wie sah der Ermessensspielraum der Richter aus und wovon hing es ab, inwieweit dieser genutzt wurde? Wurden womöglich auch homosexuelle Frauen (aufgrund anderer strafrechtlicher Paragrafen) verfolgt? Wie wirkte sich das NS-Homosexuellenbild auf die Rechtsprechung aus?

Obwohl zu Konzentrationslagern einige Studien vorliegen, gibt es auch hier noch offene Fragen. An erster Stelle steht eine breit angelegte Analyse zur Situation homosexueller Häftlinge im KZ. Dazu gehört die Aufarbeitung der Häftlingskarteien im Archiv des Internationalen Suchdiensts in Bad Arolsen. Des weiteren sind Verbrechen von SS-Wachmannschaften und Kapos an Homosexuellen und die Stellung der homosexuellen Häftlinge in der Lagergesellschaft zu klären. Dies beinhaltet die Untersuchung der Machtverhältnisse, der Rolle sexualisierter Gewalt und der Wechselwirkung von Sexualität und Sozialstruktur. Noch wenig ist bekannt über die Zustände im Strafvollzug, also in den Zuchthäusern und Gefängnissen. Eine Herangehensweise ist die systematische Auswertung der Häftlingsbücher.

Verschiedene Quellen müssten für eine Analyse herangezogen werden: Verfolgungsakten (Polizei, Justiz), Gewerbeamtsakten (Überwachung der von Homosexuellen besuchten Lokale), Häftlingsbücher, KZ-Häftlingskarteien, Selbstzeugnisse.

Kirchen: Wenig ist geforscht worden zu den Klosterprozessen 1936/37 und der Rolle der beiden Kirchen. Weiterhin ist die einzige Studie zu den Klosterprozessen die 1971 erschienene Dissertation von Hans Günter Hockerts, die die Missbrauchsprozesse gegen katholische Geistliche primär unter Gesichtspunkten des Kirchenkampfs behandelt[4]. Hier sind neue Forschungen dringend notwendig. Grundlegend und unerlässlich für eine Einordnung kirchlicher Praktiken ist eine Untersuchung des theologischen Diskurses zur Homosexualität in den 1930er Jahren. Dazu müsste neben dem Kirchenrecht, theologischen Lexika und päpstlichen Enzykliken auch die moraltheologische Literatur der Zeit ausgewertet werden. Eine interes-

---

[3] Für Österreich vgl. den Beitrag von Johann Karl Kirchknopf in diesem Band.
[4] Vgl. Hans Günter Hockerts, Die Sittlichkeitsprozesse gegen katholische Ordensangehörige und Priester 1936/37, Mainz 1971.

sante Frage ist, welche Verbindungen zwischen Homosexualität, einem auf den Vorwurf der Effeminierung reagierenden Männlichkeitsbild der (katholischen) Kirche und der Sexualmoral der Zeit bestehen. Wie nutzten katholische Publizisten (ähnlich wie die linke Exilpresse) das Stereotyp des „schwulen Nazi", um das NS-Regime zu diskreditieren? Wurde der Vorwurf der Homosexualität auf beiden Seiten instrumentalisiert? In einem zweiten Schritt wäre nach dem kircheninternen Umgang mit homosexuellen Verhaltensweisen zu fragen – übrigens auch in der evangelischen Kirche. Die Spanne reicht hier von Repression über Duldung bis hin zu Vertuschung. Ein anderer Aspekt ist die Reaktion der Bevölkerung gegenüber solchen Fällen, die sich in Statistiken des kirchlichen Lebens und in von NS-Stellen erstellten Stimmungs- und Lageberichten niederschlägt. Weitere Möglichkeiten bietet die Biographieforschung.

Ein Beispiel für mögliche Forschungsansätze zum Thema Evangelische Kirche und Homosexualität im Nationalsozialismus findet sich bei Andreas Pretzel, der anhand von Strafakten der Berliner Staatsanwaltschaft und Bewohnerakten die Situation von Homosexuellen in der Hoffnungstaler Anstalt Lobetal untersucht und seine Erkenntnisse in verschiedenen Aufsätzen veröffentlicht hat. Er stellt unter anderem folgende Fragen:

„Wie reagierten die Pastoren und Diakone, wenn sie mit Liebesbeziehungen und intimen Verhältnissen ihrer Schutzbefohlenen konfrontiert wurden? Wie stellten sie sich dieser Herausforderung in Anbetracht der unseligen Tradition theologischer und kirchlicher Homophobie? Und wie verhielten sie sich, als auch die Hoffnungsthaler [sic!] Anstalten während der NS-Diktatur ins Visier der intensiven staatlichen Verfolgung Homosexueller gerieten?"[5]

Womöglich liegen für solche Fragen auch Akten zu anderen Einrichtungen der evangelischen Kirche vor, die neue Erkenntnisse liefern können. Für die katholische Kirche müssten die Überlieferungen caritativer Einrichtungen eingesehen werden.

NS-Organisationen und Wehrmacht: Auch für SA, SS, HJ, BDM, NSDAP sowie für Polizei und Wehrmacht gibt es bis auf einige Ausnahmen nur geringe Fortschritte zu verzeichnen. Eine grundlegende Frage ist, wie Homosexualität gerade in reinen Männerorganisationen, die Maskulinität so stark betonten, bewertet und behandelt wurde und wie sich das komplizierte Verhältnis von Homoerotik und Homophobie adäquat beschreiben lässt. Im Einzelnen sind zu untersuchen:

---

[5] Andreas Pretzel, „Offenbar hilft hier nichts, als eine harte Barmherzigkeit". Homosexuelle in Lobetal, in: Mitteilungen der Magnus-Hirschfeld-Gesellschaft 37-38/2007, S. 62–78, hier S. 62.

Hitlerjugend und BDM: Die Grundzüge der Behandlung von Homosexualität in der HJ sind bereits thematisiert worden[6]. Hinweise auf mögliche Forschungsstrategien zur Untersuchung männlicher Homosexualität in der HJ gibt Armin Nolzen[7], der auf die Tatsache verweist, dass eine kritische Gesamtdarstellung des Phänomens Homosexualität in der HJ immer noch ausstehe. Wichtig sei zum einen die Erschließung regionaler Quellenbestände, um zu einer ausgewogenen Gesamtbilanz zu kommen, zum anderen die Frage nach der Instrumentalisierung der bündischen Vergangenheit bei nach § 175 RStGB verurteilten HJ-Mitgliedern. Den BDM hat Claudia Schoppmann kurz behandelt[8]. Die Quellenlage ist aufgrund der Tatsache, dass lesbische Liebe nicht offiziell kriminalisiert wurde, noch schwieriger als bei männlicher Homosexualität. Die wesentliche Frage, die sich bei der Planung eines Forschungsvorhabens über Homosexualität in der HJ stellt, zielt folglich auf informative Quellenbestände. Sinnvoll könnte sein, die Forschungsfrage auszuweiten und nicht nach Homosexualität in der HJ zu fragen, sondern nach dem generellen Umgang mit homosexuellen Jugendlichen in der NS-Zeit. Dies würde die Untersuchung disziplinarischen Vorgehens in der HJ beinhalten, könnte aber die Überlieferung anderer staatlicher Stellen systematisch einbeziehen. Dazu gehören Sozialverwaltungen und Fürsorgeeinrichtungen, aber auch Jugendgerichte beziehungsweise die Jugendkammern an Amts- und Landgerichten.

Wehrmacht: Es existieren kaum spezielle Untersuchungen über wegen homosexueller Vorkommnisse verurteilte Wehrmachtsangehörige. Die möglichen Folgen einer Verurteilung listet Günter Grau auf; gesonderte Forschungen hierzu liegen nicht vor[9]. In den letzten Jahren erschienene Untersuchungen zur Wehrmachtjustiz erwähnen dieses Thema mit keinem Wort. Es ist zu prüfen, inwiefern die Überlieferungen der Militärgerichte ertragreich sein könnte. Zu fragen wäre, inwiefern sich bestimmte Muster bei richterlichen Zuständigkeiten herausgebildet haben. Ebenso könnte eine

---

[6] Vgl. Kathrin Kollmeier, Ordnung und Ausgrenzung. Die Disziplinarpolitik der Hitler-Jugend, Göttingen 2007.
[7] Vgl. Armin Nolzen, „Streng vertraulich!" Die Bekämpfung „gleichgeschlechtlicher Verfehlungen" in der Hitlerjugend, in: Susanne zur Nieden (Hrsg.), Homosexualität und Staatsräson. Männlichkeit, Homophobie und Politik in Deutschland 1900–1945, Frankfurt a.M. 2005, S. 253–280.
[8] Vgl. Claudia Schoppmann, Nationalsozialistische Sexualpolitik und weibliche Homosexualität, Pfaffenweiler ²1997.
[9] Vgl. Günter Grau, Lexikon zur Homosexuellenverfolgung 1933–1945. Institutionen, Personen, Betätigungsfelder, Münster 2011, S. 323.

systematische Auswertung der im Bundesarchiv-Militärarchiv, Freiburg, lagernden Sachakten der Sanitätsinspektion und der Unterlagen des beratenden Psychiaters Otto Wuth neue Erkenntnisse bringen.

SA und SS: Die Instrumentalisierung homosexueller Vorfälle innerhalb der SA ist im Rahmen von Untersuchungen zum „Röhm-Putsch" häufig thematisiert worden. Eine Untersuchung des Vorgehens in der SS auf breiter Dokumentenbasis wäre hingegen äußerst wünschenswert, scheint aber in Anbetracht der Quellenlage schwierig. Ein Großteil der Unterlagen des Obersten SS- und Polizeigerichts sind entweder durch Kriegseinwirkungen oder infolge planmäßiger Vernichtung nicht überliefert. Möglicherweise bietet die Analyse von Nachkriegsermittlungen oder -prozessen wegen der Erschießung von SS-Männern oder Polizeibeamten, die der Homosexualität bezichtigt worden waren, einen neuen Zugang.

NSDAP: Für den Umgang mit Homosexualität in der NSDAP könnte eine systematische Auswertung der Unterlagen der Parteigerichte unterschiedlicher Ebenen neue Erkenntnisse bringen.

Medizin und Psychiatrie: Über Mediziner als Täter ist bis heute kaum etwas bekannt[10]. Diverse Fragen sind hier offen: In welchen Traditionslinien standen die medizinischen Diskurse über Homosexualität? Wie veränderten sich diese mit der Etablierung des Nationalsozialismus? Welche Schwerpunkte wurden in der medizinischen Diskussion gesetzt und was hatte dies für Auswirkungen? Wo wurden Mediziner aktiv (beispielsweise in kriminalbiologischen Sammelstellen, als beratende Psychiater bei Gericht) bei der Verfolgung Homosexueller tätig? Wie nutzten sie ihren Zuwachs an Macht und Einfluss? Welche Rolle spielten psychiatrische Einrichtungen?

Weibliche Homosexualität: Die problematische Quellenlage ist mit Blick auf den BDM bereits erwähnt worden. Claudia Schoppmann schlägt verschiedene Herangehensweisen vor, die zu neuen Erkenntnissen führen könnten[11].

Trans- und Intersexuelle: Zu beiden Gruppen liegen keine systematischen Untersuchungen vor; einiges erfährt man bei Rainer Herrn, der sich mit Transvestitismus in der frühen Sexualwissenschaft beschäftigt hat[12]. Für eine Untersuchung der Situation Intersexueller ist die Materiallage noch schwieriger. Ein erster Ausgangspunkt könnte die Aufarbeitung des medizinischen

---

[10] Eine Ausnahme bildet der Aufsatz von Günter Grau, „Unschuldige Täter". Mediziner als Vollstrecker der nationalsozialistischen Homosexuellenpolitik, in: Burkhard Jellonnek/Rüdiger Lautmann (Hrsg.), Nationalsozialistischer Terror gegen Homosexuelle. Verdrängt und ungesühnt, Paderborn u. a. 2002, S. 209–235.
[11] Vgl. dazu den Beitrag von Claudia Schoppmann in diesem Band.
[12] Vgl. dazu den Beitrag von Rainer Herrn in diesem Band.

Diskurses zur Intersexualität sein. Generell ist es gerade bei diesem Thema sicherlich sinnvoll, die NS-Zeit nicht isoliert zu betrachten, sondern stattdessen auch die Entwicklung vor 1933 und nach 1945 mit zu untersuchen.

2. Forschungszusammenhänge

Wenn man den Blick von einzelnen Teilbereichen zu weiter gefassten Fragestellungen wendet und danach fragt, inwiefern sich der Komplex Lebenssituationen und Repressionen von LSBTI im Nationalsozialismus in größere, womöglich nicht nur historische, sondern auch interdisziplinäre Forschungszusammenhänge stellen lässt, sind verschiedene Ansätze denkbar. So könnten Methoden der soziologischen und kriminologischen Opferforschung herangezogen werden und nach Fremd- und Eigenviktimisierung gefragt werden. Eine weitere Herangehensweise ist die Untersuchung der Skandalisierung homosexueller Vorkommnisse und der Vergleich mit nicht homosexuell konnotierten Skandalen während der NS-Zeit sowie mit Skandalen um Homosexualität sowohl in der Weimarer Republik als auch in der Bundesrepublik. Für beide Bereiche spielt die Frage nach öffentlichen Diskursen eine wesentliche Rolle; sie leitet über zur grundsätzlichen Untersuchung der Fremdbilder von Homosexualität[13]. Dies scheint mir eine sinnvolle Möglichkeit, unterschiedliche Teilbereiche, die dringend besser erforscht werden müssen, in einen größeren Kontext zu stellen. Eine wesentliche Erweiterung ist allerdings zusätzlich notwendig: Statt von Fremdbildern sollte vielmehr von Bildern gesprochen werden, um auch die Eigenwahrnehmung der betroffenen Personen beleuchten zu können. Diese Bilder entstehen in einem kommunikativen Prozess, auf den diejenigen, über die gesprochen wird, bis zu einem gewissen Grad einwirken können. Zudem wird dadurch der „Konstruktionscharakter von Identitätskategorien" deutlich, bei dem „zu unterscheiden ist zwischen Selbstzuschreibungen der jeweiligen historischen Akteurinnen und Akteure, zeitgenössischen Fremdzuschreibungen, etwa von Seiten der verfolgenden NS-Instanzen, und heutigen Identitätszuschreibungen an die damaligen Akteurinnen und Akteure"[14].

Ein solches weiter gefasstes Projektthema könnte den Rahmen für spezifizierte Forschung vorgeben. So gut wie alle genannten Forschungsdesiderate lassen sich unter dieser Fragestellung untersuchen, wobei der gewählte

---

[13] Thematisch noch weiter gefasst bei Stefan Micheler, Selbstbilder und Fremdbilder der „Anderen". Männer begehrende Männer in der Weimarer Republik und der NS-Zeit, Konstanz 2005.
[14] Vgl. dazu den Beitrag von Corinna Tomberger in diesem Band.

methodische Zugang je nach Thema unterschiedlich aussehen kann. Die Spanne reicht von der biographischen Einzelforschung über die quantitative Auswertung von Gerichtsakten bis hin zu einer theoretischen Auseinandersetzung mit dem Verhältnis von Homosexualität und Faschismus. Darüber hinaus könnte in einem weiterführenden Schritt die zeitliche Perspektive ausgeweitet werden auf die Zeit vor 1933 und nach 1945.

Generelle Leitfragen eines solchen Projekts könnten sein: Wie wurde im Nationalsozialismus Homosexualität beziehungsweise wie wurden Homosexuelle in den unterschiedlichen Teilbereichen des gesellschaftlichen Lebens wahrgenommen? Welche Diskurse wurden über sie geführt? Wie vermochten unterschiedliche Institutionen wie Kirche, Staat, Medizin, Psychiatrie dieses Bild zu prägen? Welche Folgen hatte dies für die Intensität von Repression und Verfolgung? Inwiefern beeinflussten sich Sichtweisen gegenseitig und erfuhren durch die NS-Ideologie eine Veränderung? Die Wechselseitigkeit der Beeinflussung scheint hier besonders wichtig. Was wurde als „normal" definiert, was war dementsprechend eine Abweichung, welches Bedrohungspotenzial wurde Homosexuellen zugeschrieben? Wie wurde die Fremdwahrnehmung in die Eigenwahrnehmung inkorporiert? Wie wurde auf Zuschreibungen reagiert? Spezielle Fragen müssen innerhalb der einzelnen zu untersuchenden Teilbereiche gestellt werden. Diese Teilbereiche ergeben sich wiederum aus den hier diskutierten Forschungsdesideraten. Es gibt auf jeden Fall viel zu tun.

Jens Dobler
Der Maßnahmenkatalog des Schwulen Museums zur Erforschung und Aufarbeitung der Verbrechen des Nationalsozialismus an Homosexuellen

1. Fälle und Akten

Anfang 2013 wurde der Dokumentarfilm „Klänge des Verschweigens" von Klaus Stanjek vorgestellt. Stanjek begibt sich darin auf Spurensuche nach seinem Onkel, dem Musiker Willi Heckmann, der zwischen 1937 und 1945 wegen homosexueller Handlungen ununterbrochen in Konzentrationslagern (zuletzt in Mauthausen) interniert war. Er überlebte, sprach aber nie über seine Erfahrungen. Ohne die Überlieferung in der Familie und ohne die Arbeit von Klaus Stanjek würden wir heute nichts über Willi Heckmann wissen; wir kennen keine einzige Akte von ihm. Er soll 1937 in Passau oder München, zumindest irgendwo in Bayern, festgenommen und angeblich ohne Urteil sofort in ein KZ gesperrt worden sein. Das entsprach zwar nicht der üblichen Praxis, aber vielleicht war es dennoch möglich. Über Akten, Listeneinträge und Haftvermerke lässt sich der Fall bislang nicht rekonstruieren.

Ein anderes Beispiel bezieht sich auf Werner Pascoletto, der 1941 nach § 175 RStGB in Köln verurteilt wurde; die Akte liegt im Hauptstaatsarchiv Düsseldorf. 1943 wurde er in Hamburg wegen des gleichen Deliktes verurteilt; entsprechende Akten liegen im Staatsarchiv Hamburg. In den 1950er Jahren liefen in West-Berlin Ermittlungen gegen ihn, weswegen er in den Ostteil der Stadt floh; die Akten sind in Berlin zu suchen[1].

Die Verknüpfung zwischen Köln, Hamburg und Berlin konnte in diesem Fall nur gelingen, weil sich die Forschenden zur NS-Schwulenverfolgung untereinander kennen und ab und zu entsprechende Such- oder Infomails herumgeschickt werden. Wäre das nicht der Fall – und in sehr vielen Fällen dürfte das so sein –, könnte man solche Spuren nicht verfolgen. Lange Jahre war beispielsweise unbekannt, warum der Berliner Sänger Paul O'Montis ins Ausland geflohen war, nach dem Einmarsch deutscher Truppen in Prag

---

[1] Derzeit befasst sich in Berlin eine Forschungsgruppe mit der Überlieferung der Justizakten nach 1945.

festgenommen und schließlich im KZ Sachsenhausen interniert wurde, wo er zu Tode kam. In Köln fand sich die entsprechende Ausgangsakte. Demnach war er 1933 dort „auf frischer Tat ertappt", angezeigt und angeklagt worden. Er zog es vor zu flüchten. Ob er auch in Prag mit dem Gesetz in Konflikt kam, ist bislang noch nicht bekannt, weil die internationale Forschung noch in den Babyschühchen steckt, wenn man das Bild der Kinderschuhe für die nationale Forschung bemüht.

2. Von der Zufälligkeit zur Systematik: Wege der Forschung

Mit diesen Beispielen ist das Dilemma der Forschung bereits angedeutet: Was über die nationalsozialistische Verfolgung Homosexueller bekannt ist, beruht vielfach auf Zufällen. Blickt man auf die bisherige Forschung, so lassen sich zwei Phasen unterscheiden: 1977 startete Rüdiger Lautmann mit einer Forschungsgruppe die Recherchen in Arolsen. 1981 legten Hans-Georg Stümke und Rudi Finkler mit „Rosa Listen, rosa Winkel" ein Buch vor, das viele wachgerüttelt und beeinflusst haben dürfte[2]. 1990 folgten die Studien von Burkhard Jellonnek[3] und 1991 von Claudia Schoppmann[4], 1993 legte Günter Grau eine wegweisende Dokumentensammlung vor[5]. Damit waren zunächst wichtige Grundlagen geschaffen.

Danach kam eine neue Generation von Forschenden, die neue Fragen an die Geschichte stellte und stark durch das namentliche Gedenken geprägt ist. Im ersten Entwurf für das Mahnmal der ermordeten Juden Europas sollten die Namen aller ermordeten Juden in eine Bodenplatte geschrieben werden; der damalige Bundeskanzler Helmut Kohl hat diesen Entwurf bekanntlich verhindert. In diesem Zusammenhang entstanden die ersten Totenbücher der ermordeten Juden und die Stolpersteininitiative, die nicht nur für die ermordeten Juden Gedenksteine an deren letzten Wohnorten verlegt, sondern für alle von den Nationalsozialisten verfolgten und ermordeten Menschen. In diesem Zusammenhang sollte nicht unterschätzt werden, dass eine dritte Generation verstärkt nach dem Schicksal ihrer Großväter, Onkel oder Tanten fragt.

---

[2] Vgl. Hans-Georg Stümke/Rudi Finkler, Rosa Listen, Rosa Winkel. Homosexuelle und „Gesundes Volksempfinden" von Auschwitz bis heute, Hamburg 1981.
[3] Vgl. Burkhard Jellonnek, Homosexuelle unter dem Hakenkreuz, Paderborn u. a. 1990.
[4] Vgl. Claudia Schoppmann, Nationalsozialistische Sexualpolitik und weibliche Homosexualität, Pfaffenweiler ²1997.
[5] Vgl. Günter Grau (Hrsg.), Homosexualität in der NS-Zeit. Dokumente einer Diskriminierung und Verfolgung, Frankfurt a. M. ²2004.

Rainer Hoffschildt aus Hannover war der erste, der systematisch Akten und Karteien sichtete, um Personenlisten zusammenzustellen. Zunächst war sein Anliegen, alle KZ-Inhaftierten zu erfassen. In Berlin startete die Kulturring-Gruppe um Andreas Pretzel und Carola Gerlach ihre Forschungen, in Düsseldorf arbeitete Frank Sparing an Akten, Jürgen Müller begann in Köln, in Hamburg sichtete eine Gruppe um Stefan Micheler und Ulf Bollmann die dortigen Unterlagen. Jan-Hendrik Peters arbeitete für Mecklenburg-Vorpommern Akten auf, und auch in Stuttgart und Baden-Württemberg begannen Forscher, konkrete Verfolgungsschicksale zu erfassen.

Diese Forschungsprojekte kamen durch die Initiative einzelner zustande, die ihre Promotionsprojekte umsetzen, gezielt Geld einwerben oder Arbeitsbeschaffungsmaßnahmen initiieren konnten. Alle erhobenen Daten befinden sich infolge dessen in Privatbesitz. Nach Projektende drohen Unterlagen und Erkenntnisse wieder in der Versenkung zu verschwinden. Zu vielen Städten und Regionen ist überhaupt noch nicht geforscht worden. Wir wissen nicht einmal, wo überhaupt Akten existieren.

3. Bündelung der Forschung? Ein Maßnahmenkatalog

Der Maßnahmenkatalog des Schwulen Museums setzt genau an diesem Dilemma an. Das Engagement für die Einrichtung der 2011 gegründeten Bundesstiftung Magnus Hirschfeld während des letzten Jahrzehnts war vor allem der unbefriedigenden Forschungsfinanzierung geschuldet. Die Bereitstellung von Mitteln für die BMH seitens der Bundesregierung erfolgte als kollektive Entschädigung für die Verbrechen im Nationalsozialismus. Insofern ist die Stiftung meines Erachtens verpflichtet, zunächst ihre Forschungsmittel in relevantem Ausmaß für die Erforschung der Schicksale von NS-Verfolgten zu verwenden. Denn wenn schon einzelne Opfer nicht mehr entschädigt werden können, sollten wenigstens ihre Schicksale so aufgearbeitet werden, dass sie nicht mehr in Vergessenheit geraten. Der Grund für die Entwicklung unseres Maßnahmenkatalogs war, dass im allgemeinen Ansturm auf die Forschungsgelder der Stiftung das eigentliche Anliegen, nämlich die NS-Forschung voranzubringen, nicht untergehen soll.

Man geht heute von folgenden Zahlen aus: Etwa 100 000 Ermittlungsverfahren, 50 000 Verurteilungen und zirka 5000 KZ-Einweisungen wegen § 175 RStGB. Verfolgte lesbische Frauen und Menschen mit Trans- und Intergeschlechtlichkeit sind darin noch nicht enthalten. Der Anspruch des Schwulen Museums ist schlicht, diese NS-Verfolgten in einer Datenbank

zu erfassen. Es handelt sich um eine überschaubare Größenordnung, die mit einem systematischen Ansatz in zehn bis zwanzig Jahren bearbeitet werden kann. Systematisieren meint:
1. Feststellung des Forschungsbedarfs;
2. Feststellung, welche Akten, Karteien, Listen oder Quellengattungen vorhanden sind; beispielhaft ist das im Maßnahmenkatalog für Berlin ziemlich genau aufgeschlüsselt worden. Rückmeldungen kamen mittlerweile aus anderen Bundesländern, wo die kriminalbiologischen Sammelstellen eine wichtige Rolle spielen;
3. Erfassung der Daten nach vorher vereinbarten Parametern allein oder im Rahmen umfangreicherer Forschungsprojekte. Dabei soll in individuelle Forschungsfragen oder Forschungsdesigns nicht eingegriffen werden.

Die Datenbank hat wiederum verschiedene Funktionen: Sie kann, erstens, als Grundlage für neue Forschungsfragen dienen; sie kann, zweitens, für konkrete Suchanfragen dienen, zum Beispiel für Angehörige; sie dient, drittens, dem Gedenken – regional wie überregional –, der Gedenkstättenarbeit oder Stolpersteininitiativen; sie kann, viertens, als Grundlage für ein Totenbuch dienen, und es können, fünftens erstmals einigermaßen exakte Zahlen abgerufen werden.

Ziel aller Maßnahmen des Katalogs ist es, das Ausmaß nationalsozialistischer Verfolgung möglichst genau zu dokumentieren, insbesondere: Verfolgungsmaßnahmen durch Behörden, Ämter, Krankenanstalten und pädagogische Einrichtungen; Verfolgungsmaßnahmen durch Polizei und Justiz; Verfolgungsmaßnahmen durch Gestapo, SA und SS; Verfolgungsmaßnahmen durch das Militär, intern gegen Militärangehörige, extern in besetzten Gebieten.

Die Folgen der Verfolgungsmaßnahmen sind insbesondere: Verbote, berufliche Einschränkungen, erzwungene medizinische Behandlungen, Zwangsverheiratungen, Einschränkungen der persönlichen Freiheit; Exil; Ermittlungsverfahren, Verurteilungen, Haft- oder Zuchthausstrafen; Arbeitslager und Zwangsarbeit; Konzentrationslager; Suizid aufgrund der Verfolgung; Tod durch Folter infolge von Gewaltmaßnahmen bei Verhören oder Festnahmen; Tod in Justizanstalten durch mangelnde Ernährung, Verweigerung von Heilbehandlungen, Schikane oder Ermordung durch Mithäftlinge; Tod im Konzentrationslager; Tod als Folge von Verfolgungsmaßnahmen, beispielsweise durch verschleppte Krankheiten oder Unterernährung.

Was die Betroffenen angeht: Alle Verfolgungsmaßnahmen dürften sich in erster Linie gegen homosexuelle Männer gerichtet haben. Forschungsdesigns haben jedoch die Situation homosexueller Frauen mit in den Blick zu nehmen; auch soll die Situation transgeschlechtlicher, intergeschlechtlicher oder transsexueller Personen mit berücksichtigt werden. Die Nationalität und kulturell-religiöse Zugehörigkeit der Betroffenen soll besonders berücksichtigt werden, damit die Erinnerungsarbeit auch international und interkulturell geleistet werden kann.

Zum Verfolgungsgrund: Die Mehrzahl der durch Polizei und Justiz verfolgten Männer dürfte nach § 175 RStGB angeklagt gewesen sein. Jedoch wird man dem Gesamtausmaß nicht gerecht, wenn man sich ausschließlich auf diesen Paragrafen fokussiert. Bestimmte – zum Beispiel zwangspsychiatrische – Maßnahmen aufgrund homosexueller oder transgeschlechtlicher Verhaltensweisen sind mit zu berücksichtigen, aber nicht unter § 175 zu finden. Die Erfahrung vergangener Forschungen zeigt, dass etliche andere Paragrafen des RStGB zu berücksichtigen sind: § 174 (Sexueller Missbrauch von Schutzbefohlenen), § 176 (Sexueller Missbrauch von Kindern), § 180 (Förderung sexueller Handlungen Minderjähriger), § 181 (Kuppelei), § 183 (Exhibitionistische Handlungen), § 184 (Verbreitung pornographischer Schriften), § 185 (Beleidigung) und § 361 (Verletzung der Unterhalts- und Aufsichtspflicht).

Zum Zeitraum: Es macht Sinn, die Forschungen immer schon etwa Mitte der 1920er Jahre beginnen zu lassen, da erfahrungsgemäß viele Bestände und Lebensgeschichten fließend in die Zeit nach 1933 übergehen. Ebenso empfiehlt es sich, den Erfassungszeitraum bis Mitte der 1950er Jahre fortzuführen, da sich in den Nachkriegsakten viele Anhaltspunkte über Verfahren oder Verfolgungsmaßnahmen auch aus der Zeit des Nationalsozialismus finden.

Konkret schlagen wir folgende Maßnahmen vor: Bestandserhebungen in den wichtigsten Archiven, um überhaupt erst die nötigen Arbeitsgrundlagen zu schaffen; Untersuchungen zu Berlin als Beispiel für andere Städte und Länder; das Schwule Museum als internationales Dokumentationszentrum zu Verfolgung von Homosexuellen; Totenbuchprojekt; Gedenk- und Erinnerungsarbeit.

Bestandserhebungen als Arbeitsgrundlage: Zunächst sollte von der BMH ein Projekt in Auftrag gegeben werden, um den Forschungsstand (national wie international) und die Forschungsdefizite der nationalsozialistischen Homosexuellenverfolgung unter Berücksichtigung lesbischer und transgeschlechtlicher Lebensweisen zu ermitteln. Zu empfehlen wäre, dieses Projekt einer renommierten Forschungseinrichtung wie dem IfZ oder dem Zentrum für Antisemitismusforschung zu übertragen. Parallel dazu oder in Folge sollten 16 Bestandsstudien an die (Haupt-)Staatsarchive der Bundesländer vergeben beziehungsweise ausgeschrieben werden. Diese Studien sollen zum Ziel haben: Erfassung aller Akten, Karteien oder Register nationalsozialistischer Homosexuellenverfolgung im jeweiligen Archiv; Eruierung vorhandener, aber noch nicht erfasster möglicher Aktenbestände, Karteien oder Registerbestände; Eruierung möglicher noch vorhandener Aktenbestände in Behörden und Institutionen (zum Beispiel Gerichte und Polizei), die noch nicht an die Archive abgegeben wurden. Ein weiteres Projekt soll die Bestände des Bundesarchivs erfassen. Dabei bietet es sich an, auch die Bestände anderer großer Archive etwa in den USA, den Nachfolgestaaten der Sowjetunion in Polen, Israel oder Großbritannien zu prüfen und Übersichten zu erstellen. Mit diesen Bestandslisten besäße man dann einen ziemlich genauen Überblick über die archivalische Überlieferung – und ein unentbehrliches Hilfsmittel für die weitere Forschung.

Berlin als Beispiel und Vorbild: In Berlin sind die Voraussetzungen für Forschungen zur Verfolgung von Homosexuellen in der NS-Zeit besonders günstig. Umfassende Quellenstudien können sowohl auf neuen Aktenfunden als auch auf ersten wissenschaftlichen Arbeiten aufbauen, wobei die Sammlung und Erschließung des Materials in Berlin – in modifizierter Form – Modellcharakter für andere Städte und Bundesländer haben könnte. Ziel des Projekts ist es, eine Datenbank zu erstellen, in der die Schicksale der Verfolgten – wie sie sich aus den Quellen ergeben – möglichst genau erfasst werden; voraussichtlich handelt es sich um 15000 bis 20000 Namen und Fälle. Bestimmte Kriterien wie Geschlecht, Tod, Wohnort und dergleichen sollen getrennt abrufbar sein[6]. Folgende Quellentypen und Aktenbestände sind zu untersuchen: Reviertagebücher, Kriminalindex, Verbrecheralben, polizeiliche Ermittlungsakten, Unterlagen des Kriminaltechnischen Instituts der Sicherheitspolizei, Registereinträge der Staatsanwaltschaften, Ermittlungs- und Verfahrensakten der Staatsanwaltschaften, gerichtsmedizinische Gutachten, psychiatrische Gutachten, Akten der Sondergerichte, Gefängnisakten, Unterlagen aus Konzentrationslagern.

Das Schwule Museum als internationales Dokumentationszentrum: Das Schwule Museum präsentiert in seiner Dauerausstellung in einem separaten Abschnitt die NS-Zeit. Zwischen der Stiftung Denkmal für die ermordeten Juden Europas, der auch die Verwaltung des Homosexuellen-Denkmals obliegt, und dem Schwulen Museum ist eine enge Zusammenarbeit ent-

---

[6] Datenschutz: Die nach 1919 Geborenen können auf dem öffentlich zugänglichen Computer nur mit Namenskürzel genannt werden, jährlich kann jedoch ein Jahrgang entanonymisiert werden.

standen, so dass Besuchergruppen des Homosexuellen-Denkmals der Besuch der Dauerausstellung im Schwulen Museum zur Vertiefung empfohlen und das Museum auf dem Gedenkstättenportal zu Orten der Erinnerung in Europa als Ort der Erinnerung an die Verfolgung von Homosexuellen genannt wird[7]. Es bietet sich an, dass das Schwule Museum die Funktion des vom Senat des Landes Berlin angedachten Internationalen Dokumentationszentrums Homosexuellenverfolgung übernimmt; faktisch hat es diese Funktion als einzige entsprechende Einrichtung Europas bereits inne. Eine Doppelstruktur in Berlin aufzubauen, dürfte niemand ernsthaft wollen.

In der neuen Dauerausstellung (das Museum ist im Frühjahr 2013 in das Gebäude in der Lützowstrasse 73 in Berlin-Tiergarten umgezogen) wird der Bereich NS-Verfolgung neu gestaltet und multimedial aufgearbeitet. Teil der Dauerausstellung ist ein Infopoint als *Public Interface*, an dem Besucherinnen und Besucher Informationen über Verfolgungsschicksale nach Namen, Städten, Verfolgungsorten, Ländern und weiteren Kriterien aufrufen können. Parallel dazu läuft im Archiv des Schwulen Museums der Aufbau einer Datenbank, die dann auf Dauer die Schicksale aller in der NS-Zeit verfolgten Homosexuellen enthalten soll. Ein neues museumspädagogisches Konzept soll zudem speziell Schulklassen ansprechen, um der der Aufgabe, die nationalsozialistische Verfolgung Homosexueller in Erinnerung zu halten, besser gerecht werden zu können.

Das Totenbuch: Wenn die Forschungsarbeiten weitgehend abgeschlossen sind, soll mit der Arbeit an einem Totenbuch begonnen werden, in dem die Namen aller Homosexuellen dokumentiert sind, die in der NS-Zeit verfolgt wurden und zu Tode gekommen sind. Es soll ähnlich wie das Totenbuch der ermordeten Juden ein gedrucktes Buch werden, kann aber auch als Online-Projekt installiert werden. Es ist denkbar, dass vorab bereits Totenbücher einzelner Städte oder Länder erscheinen, angestrebt ist jedoch ein Gesamtwerk, um einen würdigen Schlusspunkt zu setzen.

Gedenk- und Erinnerungsarbeit: Das internationale Dokumentationszentrum Homosexuellenverfolgung im Schwulen Museum steht als Auskunftsstelle für das Schicksal individueller und kollektiver Verfolgung für alle Anfragen zur Verfügung, seien es Verlegungen von Stolpersteinen, seien es biographische Recherchen, seien es regionale oder nationale Gedenkveranstaltungen. Das Schwule Museum initiiert Ausstellungen, Publikationen, Filme über Einzelschicksale, Orte und Arten der Verfolgung.

---

[7] Vgl. www.memorialmuseums.org/denkmaeler/view/217/Schwules-Museum-Berlin.

ZEITGESCHICHTE ALS VORGESCHICHTE DER GEGENWART

Morten Reitmayer, Thomas Schlemmer (Hrsg.)
Die Anfänge der Gegenwart
Umbrüche in Westeuropa nach dem Boom
2014. 150 Seiten, Broschur
€ 16,95
Zeitgeschichte im Gespräch, Band 17
ISBN 978-3-486-71871-3

Bereits für die Zeitgenossen waren die 1970er und 1980er Jahre eine Zeit beschleunigten Wandels – eines Wandels, der zunächst vor allem als krisenhaft wahrgenommen wurde. Doch die Geschichte des letzten Drittels des 20. Jahrhunderts erschöpfte sich nicht in Krisen. Zugleich vollzog sich – mal sichtbar, mal verdeckt – ein Aufbruch auf vielen Feldern, so dass sich Politik, Wirtschaft, Gesellschaft und Kultur nachhaltig veränderten. Schon die Zeitdiagnosen konstatierten den Zäsurcharakter dieser Jahre nach dem Boom. Die Autorinnen und Autoren des vorliegenden Bandes spüren den Umbrüchen an ausgewählten Beispielen nach, sie fragen nach dem Verhältnis von Kontinuität und Zäsur und schärfen so den Blick für die Anfänge der Gegenwart.

Morten Reitmayer, geboren 1963, ist wissenschaftlicher Mitarbeiter am Lehrstuhl für Neuere und Neueste Geschichte an der Universität Trier.

Thomas Schlemmer, geboren 1967, ist wissenschaftlicher Mitarbeiter am Institut für Zeitgeschichte München-Berlin.

Seit Herbst 2013 sind alle Titel aus dem Oldenbourg
Wissenschaftsverlag und dem Akademie Verlag bei
De Gruyter auch als eBook erhältlich.

www.degruyter.com/oldenbourg

Andreas Pretzel
Schwule Nazis
Narrative und Desiderate

1. Fantasy Echo

Mit der Metapher vom *Fantasy Echo* fand Joan Scott ein treffliches Analyse-Gleichnis für narrative Konstruktionen, die sich im Rückgriff auf Geschichte zu begründen suchen. Scott betont, dass stets aktuelle Interessen über das entscheiden, was wir vergegenwärtigen und als Wissensbestand aneignen[1]. Im Folgenden soll anhand der Figur des schwulen Nazi auf ein bedeutsames *Fantasy Echo* in den Narrativen zur nationalsozialistischen Homosexuellenverfolgung eingegangen werden.

Die Legende vom homosexuellen Nazi ist nach der NS-Zeit jahrzehntelang dazu benutzt worden, um Ausmaß und Intensität der Homosexuellenverfolgung zu verleugnen oder zu marginalisieren sowie die Erinnerung an verfolgte homosexuelle Männer zu diskreditieren oder zu verhindern. Das *Fantasy Echo* vom schwulen Nazi erwies sich als sehr wirkungsmächtig und hat eine eigene Diskursgeschichte hervorgebracht. Es appelliert an homophobe Einstellungen, verbindet sie mit antifaschistischer Gesinnung und schafft Gemeinsamkeit stiftende Abgrenzungen. Infolgedessen konnte es nachhaltige Wirkung bei Gegnern und Verfolgten des NS-Regimes entfalten. Dieses Echo war noch zur Einweihung des Berliner Mahnmals zur Homosexuellenverfolgung vernehmbar, als sich der Historiker Israel Gutman aus Yad Vashem gegen ein solches Denkmal wandte und in einer polnischen Zeitung verlauten ließ, die Verfolgten seien „ausschließlich Deutsche" gewesen, von denen viele selbst Nazis gewesen und als solche „Opfer politischer Kämpfe innerhalb der NSDAP" geworden seien[2].

Die Wurzeln dieses Diskurses reichen, wie Burkard Jellonnek aufgezeigt hat[3], zurück in die 1930er Jahre, als in den damaligen Wahlkämpfen eine Reihe der Homosexualität verdächtiger SA-Führer in einer von der SPD

---

[1] Vgl. Joan Scott, Fantasy Echo, History and the Construction of Identity, in: Critical Inquiry 27 (2001), S. 284–301; Joan Scott, Phantasie und Erfahrung, in: Feministische Studien, 19 (2001), S. 74–88.

[2] Vgl. Holocaust Academic Pans Monument to Nazis' Gay Victims (Deutsche Welle am 29.5.2008); http://dw.de/p/E8DX.

[3] Vgl. Burkard Jellonnek, Homosexuelle unter dem Hakenkreuz, Paderborn u.a. 1990, S. 61–67.

initiierten homophoben Kampagne geoutet wurden, um die grundlegend homophobe NS-Bewegung als homosexuell bloßzustellen. Die skandalisierte Homosexualität führender Nationalsozialisten verstärkte Anfang der 1930er Jahre einerseits den homophoben gesellschaftlichen Richtungswechsel[4]. Andererseits wird gerade aus den weiteren Entwicklungen deutlich, dass der öffentlich gemachte Normbruch auch bei den Nationalsozialisten eine beträchtliche Wirkung zeigte. Zugespitzt schrieb Hans-Georg Stümke über die Differenz zwischen Motiv und Wirkung der SPD-Kampagne: „Obwohl die Enthüllungen subjektiv das Ziel hatten, den Nationalsozialismus aufzuhalten, begünstigten sie doch objektiv die ab 1933 einsetzende Politik der Nazis gegen diese Minderheit."[5]

Ab 1933 wurde die Homosexualität von SA-Führern vom Ausland aus öffentlich angeprangert, um die neue nationalsozialistische Regierung moralisch in Verruf zu bringen. An die Stelle der SPD trat ab 1933 die ins Exil geflüchtete KPD als Motor weiterer Skandalisierung. Diesen Prozess einer „Konstruktion des homosexuellen Nationalsozialisten" haben Alexander Zinn, Jörn Meve und Anson Rabinbach in ihren Studien eindrücklich herausgestellt[6].

Die Folge dieser öffentlichen Skandalisierung war ein Schwelbrand in der homophoben NS-Bewegung, der sich 1934 anlässlich des sogenannten Röhm-Putsches entzündete und tödliche Folgen für die Denunzierten hatte. Wie Susanne zur Nieden aufzeigte, konnten Homosexualitätsvorwürfe in den Konkurrenzkämpfen der NS-Elite instrumentalisiert werden und damit für eine interne Dynamik bei der Durchsetzung von Machtansprüchen sorgen[7].

---

[4] Vgl. Andreas Pretzel, Weimarer Wertedebatten um Homosexualität im Kulturkampf zwischen Konservatismus, Liberalismus und sittlich-nationaler Erneuerung, in: Hans-Peter Becht/Carsten Kretschmann/Wolfram Pyta (Hrsg.), Politik, Kommunikation und Kultur in der Weimarer Republik, Heidelberg 2009, S. 51–70.

[5] Hans-Georg Stümcke, Homosexuelle in Deutschland. Eine politische Geschichte, München 1989, S. 89.

[6] Vgl. Alexander Zinn, Die soziale Konstruktion des homosexuellen Nationalsozialisten, Frankfurt a.M. 1997; Jörn Meve, „Homosexuelle Nazis". Ein Stereotyp in Politik und Literatur des Exils, Hamburg 1990, und Anson Rabinbach, Van der Lubbe – ein Lustknabe Röhms? Die politische Dramaturgie der Exilkampagne zum Reichstagsbrand, in: Susanne zur Nieden (Hrsg.), Homosexualität und Staatsräson. Männlichkeit, Homophobie und Politik in Deutschland 1900–1945, Frankfurt a.M. 2005, S. 193–213.

[7] Vgl. Susanne zur Nieden, Aufstieg und Fall des virilen Männerhelden. Der Skandal um Ernst Röhm und seine Ermordung, in: zur Nieden (Hrsg.), Homosexualität und Staatsräson, S. 147–192.

Die Expansion des SS-basierten Machtbereichs von Heinrich Himmler verdankte sich nach der Hinrichtung Röhms auch der von ihm vorangetriebenen Homosexuellenverfolgung. Dabei wurde die Homosexualität Röhms und einiger weiterer SA-Führer zum entscheidenden Baustein einer Verschwörungstheorie, in der Homosexualität mit einem konspirativen, illoyalen und staatsgefährdenden Machtanspruch in Zusammenhang gebracht wurde. Die Schreckensvision eines von Homosexuellen beherrschten Dritten Reichs ging Hand in Hand mit der nicht minder angstbesetzten Vorstellung, die NS-Bewegung könne durch homosexuelle Umtriebe zersetzt werden. Diese Angst nutzte und schürte Himmler bewusst. Er aktivierte die Verfolgung, die zunächst mit einer Säuberung der eigenen Organisation begann und sich dann schrittweise ausweitete, und trieb insbesondere die Politisierung und Radikalisierung des polizeilichen Vorgehens voran[8].

2. Nationalsozialismus und Homosexualität: offene Fragen

Welche Rolle Homosexualität tatsächlich in der NS-Bewegung spielte, ist allerdings bis heute eine weitgehend unbeantwortete Frage, denn wichtige Quellen, etwa zu den ermordeten homosexuellen SA-Führern, fehlen, weil sie nach den Mordaktionen des Sommers 1934 vernichtet wurden. Deshalb hat es diverse Versuche gegeben, die Bedeutung von Homosexualität für die NS-Bewegung durch geschlechtergeschichtliche Perspektiven näher zu bestimmen und Erklärungen dafür zu finden, warum die erklärtermaßen homophobe NS-Bewegung Homosexuelle anzog, sie eine Zeit lang duldete und einige sogar in Führungsämter und Leitungsfunktionen aufsteigen ließ.

1996 debattierten Harry Oosterhuis und Geoffrey Giles die Bedeutung der Männerbundideologie und die im Zusammenhang damit entstandene „Homo-Panik" im NS-Regime[9]. Worin diese bestand, beantwortete Oosterhuis im Verweis auf eine homosexuelle Cliquenbildung, welche die Hierarchie

---

[8] Vgl. Andreas Pretzel, Vom Staatsfeind zum Volksfeind. Zur Radikalisierung der Homosexuellenverfolgung im Zusammenwirken von Polizei und Justiz, in: zur Nieden (Hrsg.), Homosexualität und Staatsräson, S. 217–252; Andreas Pretzel, Homosexuellenverfolgung in Berlin. Politische Strategien und Verfolgungspraxis, in: Andreas Nachama (Hrsg.), Berlin 1933–1945. Zwischen Propaganda und Terror, Berlin 2010, S. 222–228.

[9] Vgl. die auf einer Tagung 1996 gehaltenen Vorträge in Burkhard Jellonek/Rüdiger (Hrsg.), Nationalsozialistischer Terror gegen Homosexuelle. Verdrängt und ungesühnt, Paderborn u. a. 2002. Der Beitrag von Oosterhuis wurde bereits 1997 veröffentlicht: Harry Oosterhuis, Medicine, Male Bonding and Homosexuality in Nazi Germany, in: JCH 32 (1997), S. 187–205.

des NS-Männerbunds zu unterminieren drohte. Diese Gefahr sei deshalb für so groß gehalten worden, weil das organisierende Prinzip des NS-Staats Männerbindung statt Familienbindung gewesen sei. Oosterhuis spricht von einer „homosozialen Organisation des Nazismus" und im Hinblick auf Homosexualität von einem „internen Problem"[10]. In ähnlicher Weise hatte 1978 bereits Klaus Theweleit einen unlösbaren Konflikt zwischen NS-Männerbund und Homoerotik ausgemacht. Er fand dafür das treffliche Bild einer „Fessel in doppeltem Sinn", gefesselt an eine Bewegung, die das, was sie gewährt, zugleich zu unterbinden sucht: „...du sollst Männer lieben, aber du darfst nicht homosexuell sein."[11] Mit diskursgeschichtlichem Fokus hat Claudia Bruns bislang am überzeugendsten die „Konstruktion des erotischen Männerbunds" und deren Wirkung auf die NS-Bewegung dargelegt[12].

Eine homophob intendierte Polemik von Scott Lively und Kevin Abrams aus dem Jahr 1995, in der das religiös-fundamentalistische Autorenpaar behauptete, die SA sei eine Schöpfung der Homosexuellenbewegung gewesen[13], und auch Lothar Machtans Spekulationen über die angebliche Homosexualität Hitlers[14] stellen dagegen unter den Erklärungsansätzen zum Stellenwert von Homosexualität für die NS-Bewegung abwegige Einzelfälle dar. Zu erwähnen sind ferner Hans-Rudolf Wahls „Überlegungen zur Historiografie der SA", in denen das *Fantasy Echo* des schwulen Nazi nachhallt. Darin behauptet er: „Die Tätigkeit der SA war nicht zuletzt durch ein homoerotisch geprägtes Milieu vermittelt. Homosexualitäten stellten eines ihrer Wesenselemente dar." Hinreichende Belege für einen solchen „Zusammenhang von Nationalsozialismus und Homosexualität" lieferte Wahl nicht[15]. Sven Reichardt, der 2002 in seiner grundlegenden Studie zu den faschisti-

---

[10] Harry Oosterhuis, Medizin, Männerbund und die Homosexuellenverfolgung im Dritten Reich, in: Jellonnek/Lautmann (Hrsg.), Terror, S. 119–126, hier S. 126.

[11] Klaus Theweleit, Männerphantasien, Bd. 2: Männerkörper. Zur Psychoanalyse des weißen Terrors, Frankfurt a. M. 1978, S. 391.

[12] Vgl. die Arbeiten von Claudia Bruns: Politik des Eros, Köln 2008, und Der homosexuelle Staatsfreund. Von der Konstruktion des erotischen Männerbunds bei Hans Blüher, in: zur Nieden (Hrsg.), Homosexualität und Staatsräson, S. 100–117.

[13] Vgl. Scott Lively/Kevin Abrams, The Pink Swastika: Homosexuality in the Nazi Party, Keiser 1995.

[14] Vgl. Lothar Machtan, Hitlers Geheimnis. Das Doppelleben eines Diktators, Berlin 2001.

[15] Hans-Rudolf Wahl, Männerbünde, Homosexualitäten und politische Kultur im ersten Drittel des 20. Jahrhunderts, in: ZfG 52 (2004), S. 218–237, hier S. 224 und S. 234; die angekündigte Veröffentlichung zum SA-Führungspersonal in Gestalt einer „sexualbiografische[n] Analyse der Mitglieder der Obersten SA-Führung" ist bis heute nicht erschienen.

schen Kampfverbänden die Frage nach der Homoerotik in der SA aus den geschichtswissenschaftlichen Fußnoten hervorgeholt hat[16], wandte gegen Wahls Thesen ein, dass dessen Begriff von Homosexualitäten in seiner Unschärfe nicht nur Homosexualität und Homoerotik, sondern auch Freundschaftsbande und Kameradschaftsbeziehungen umfasse und erkenntnistheoretisch zu einer letztlich nichts mehr erklärenden „Ubiquität der Homosexualität" führe[17].

In dieser Debatte wäre ein Perspektivenwechsel weiterführend: Statt nur nach der Homoerotik im Männerbund zu fragen, scheint es sinnvoller, auch die Homophobie im Männerbund näher in den Blick zu nehmen, um einerseits die normativen Grenzen mann-männlicher Beziehungen und andererseits die praktizierten Grenzziehungen und Ausgrenzungen genauer zu untersuchen[18]. Denn gerade die (durchaus differierenden) Fokussierungen auf eine vermeintliche oder tatsächliche Erotisierung des Männerbunds stellen besonders eindrucksvolle *Fantasy Echos* dar. Auffällig dabei ist, dass Heterosexualität, in welcher Form auch immer, in den retrospektiven Vergegenwärtigungen des Männerbunds überhaupt nicht mehr in Betracht gezogen wird[19].

3. Differenzierungen durch künftige Forschungen

Eine differenzierende Untersuchung zum Umgang mit Homosexuellen in der NS-Bewegung bis hin zur Verfolgung von homosexuellen Gesinnungsgenossen stellt eine umfassende Forschungsaufgabe dar. Für die Zeit bis 1934 könnte erkundet werden, wie Homosexualität, obgleich sie in den homophoben Strukturen der NSDAP ein Tabu und einen Normbruch darstellte, zu Beginn der 1930er Jahre einen ebenso bedeutsamen wie brisanten Stellenwert erlangte. Von der eigenen Partei-Propaganda wurde sie weiterhin ausgegrenzt. Doch durch die öffentliche Skandalisierung homosexueller SA-Führer durch politische Gegner wurde sie zum Problem in den eigenen

---

[16] Vgl. Sven Reichardt, Faschistische Kampfbünde. Gewalt und Gemeinschaft im italienischen Squadrismus und in der deutschen SA, Köln 2002; die „Anmerkungen zur Homosexualität" finden sich auf S. 678–684.

[17] Sven Reichardt, Homosexualität und SA-Führer. Plädoyer für eine Diskursgeschichte, in: ZfG 52 (2004), S. 737–740, hier S. 740.

[18] Vgl. Andreas Pretzel, Homophobie und Männerbund. Plädoyer für einen Perspektivwechsel, in: ZfG 53 (2005), S. 1034–1044.

[19] Mit Blick auf die Zeit ab Mitte der 1930er Jahre hat Dagmar Herzog (Paradoxien der sexuellen Liberalisierung, Göttingen 2013, S. 30) betont, dass „die groteske Steigerung der Homophobie" in „einem Klima des Ansporns zu heterosexueller Aktivität" passierte.

Reihen. Während in der Öffentlichkeit der Eindruck entstand, Homosexuelle würden geduldet, wäre herauszufinden, inwieweit sich NSDAP- und SA-intern der Umgang mit Homosexuellen veränderte. Zu klären wären dabei Fragen danach, welche Reaktionen es innerhalb der NS-Bewegung auf die Homosexualität von SA-Führern gab[20], oder ob, wie Hans-Rudolf Wahl meint, gar ein „tabufreies" Milieu „homoerotisch aufgeladene[r] Männerbündelei" entstehen konnte[21]. Waren die Karrieren homosexueller SA-Führer beziehungsweise NSDAP-Mitglieder wegen oder trotz ihrer Homosexualität möglich?

Erst weitere quellengestützte Forschungen können Aufschluss über Duldungspolitik und Ausschlusspraxis geben. Die im Bundesarchiv (Berlin Document Center) überlieferten Personalakten der SA und des Obersten Parteigerichts sind daraufhin bislang nicht systematisch durchsucht worden. Inwieweit der Eindruck verallgemeinerbar ist, dass Homosexualität von Führern in der NS-Bewegung eher geduldet und nur dann thematisiert wurde und Konsequenzen zeitigte, wenn es zu Konkurrenzen und internen Auseinandersetzungen kam, gleichzeitig jedoch auf der unteren Ebene der SA und NSDAP-Mitgliedschaft eine rigide Ausschlusspraxis bei Bekanntwerden homosexueller Neigungen die Regel war, wäre zu prüfen[22]. Wichtig erscheint außerdem, die unterschiedlichen Organisationen der NS-Bewegung differenziert zu betrachten. Die homosozialen Strukturen in der Partei, ihrer paramilitärischen Kampfformation oder in der HJ unterscheiden sich erheblich voneinander.

Auch für die Zeit ab 1934 wäre die Ausschluss- und Verfolgungspraxis des NS-Regimes gegenüber homosexuellen Gesinnungsgenossen erst noch zu erforschen. Erste Untersuchungen zur Verfolgungspraxis in der HJ[23] und in der SS[24] liegen mittlerweile vor. Eine umfangreiche Quellengrundlage bieten die

---

[20] Für eine solche Diskusgeschichte plädiert Reichardt, Homosexualität und SA-Führer.
[21] Hans Rudolf Wahl, „National-Päderasten"? Zur Geschichte der (Berliner) SA-Führung 1925–1934, in: ZfG 56 (2008), S. 442–459, hier S. 459; noch 2004 stellte Wahl selbst die Frage: „Doch wie tabufrei war der Umgang mit dem Phänomen wirklich?" 2008 gab er sich davon überzeugt; vgl. Wahl, Männerbünde, S. 228, und Wahl, „National-Päderasten", S. 459.
[22] Vgl. Pretzel, Homophobie und Männerbund, S. 1037–1041.
[23] Vgl. Kathrin Kollmeier, Ordnung und Ausgrenzung, Die Disziplinarpolitik der Hitler-Jugend, Göttingen 2007, S. 166–180; Armin Nolzen, „Streng vertraulich". Die Bekämpfung „gleichgeschlechtlicher Verfehlungen" in der Hitler-Jugend, in: zur Nieden (Hrsg.), Homosexualität und Staatsräson, S. 253–280.
[24] Vgl. Geoffrey J. Giles, The Denial of Homosexuality: Same-Sex Incidents in Himmler's SS and Police, in: Dagmar Herzog (Hrsg.), Sexuality and German Fascism, New York/Oxford 2005, S. 256–290.

in vielen regionalen Landes- und Staatsarchiven überlieferten Strafakten der NS-Justiz. Bislang ist etwa die Spruchpraxis der Gerichte gegenüber homosexuellen NSDAP-Mitgliedern nicht eingehend untersucht worden. Anweisungen an die Gerichte deuten darauf hin, dass die zeitweilige Praxis einer verschärften Verurteilung wieder aufgegeben wurde. Die Verfolgung gleichgeschlechtlicher Beziehungen im Kontext der in die HJ überführten bündischen Jugend und die nicht unbeträchtliche Anzahl von Strafverfahren gegen HJ-Führer bedürfen erst noch einer differenzierten Zuordnung. Diesbezüglich wäre herauszufinden, inwieweit sie der Verfolgung homosexueller Nationalsozialisten oder oppositionellem wie eigensinnigem Verhalten in der NS-Organisation entsprachen.

Die Strafakten der Justiz können zugleich Anhaltspunkte liefern, um den weiteren Konsequenzen von Ermittlungs- und Strafverfahren nachzugehen. Das betrifft unter anderem die Disziplinarverfahren von NS-Gliederungen bis hin zur Einweisung in Konzentrationslager. Auch die Rolle der Gestapo, insbesondere des Homosexuellendezernats im Geheimen Staatspolizeiamt, wäre zu beleuchten. Hier entstand im Herbst 1934 nach den Röhm-Morden ein Sonderdezernat zur Verfolgung Homosexueller in NS-Verbänden, aus dem im Oktober 1936 die Reichszentrale zur Bekämpfung der Homosexualität und Abtreibung als maßgebliche Institution zur Verfolgung tendenziell aller Homosexuellen hervorging[25]. Als die Kriminalpolizei die Reichszentrale 1939 übernahm, war im Geheimen Staatspolizeiamt (RSHA Abteilung IV) weiterhin ein Sonderdezernat für Fälle von Homosexualität zuständig. Inwieweit dort seither vor allem prominente homosexuelle Nationalsozialisten Ziel der Ermittlungen waren, ist bislang nicht aufgeklärt.

Bei der nicht unproblematischen Quellengattung der Strafakten ließe sich anhand von Schutzschriften (zur Verteidigung im Strafverfahren) und Gnadengesuchen bis hin zu den Wiederaufnahmeversuchen in NS-Gliederungen (Akten des Obersten Parteigerichts der NSDAP) zudem der Frage nachgehen, welchen individuellen Stellenwert Homosexualität gegenüber der politischen Gesinnung einnahm und welche Karriereverläufe vor und nach dem Strafverfahren (für wen in welcher Position) möglich waren.

---

[25] Zu der bislang kaum untersuchten institutionellen Entwicklung ab 1934 findet sich Material in der Quellensammlung von Günter Grau (Hrsg.), Homosexualität in der NS-Zeit, Frankfurt a. M. ²2004, S. 82 und S. 139–170; vgl. Günter Grau, Lexikon zur Homosexuellenverfolgung 1933–1935. Institutionen, Personen, Betätigungsfelder, Münster 2011, S. 248f.

4. Opfer- und Täter-Forschung im erinnerungspolitischen Kontext

Sich dieser umfassenden Forschungsaufgabe und den vielfältigen Forschungsperspektiven zu stellen, ist eine lohnenswerte Herausforderung, bei der es darum geht, homosexuelle Anhänger, Mitstreiter und Täter des NS-Regimes künftig als historische Figuren zu vergegenwärtigen, um ihren Platz und ihre Bedeutung für die Verfolgung Homosexueller genauer zu bestimmen. Zahlreiche biographische Skizzen in der einschlägigen, vor allem regional ausgerichteten Forschungsliteratur sind vorhanden. Sie bedürfen einer Zusammenstellung und weiterführender Recherchen, um die Frage zu klären, wie diesen Männern die oftmals erstaunlichen Karrieren in Führungspositionen gelangen.

Sich diesen Herausforderungen zu stellen, scheint künftig möglich, denn erinnerungspolitische Rücksichtnahmen haben durch geschichtspolitische Errungenschaften an Bedeutung verloren, seitdem sich die politische Klasse der Bundesrepublik zur Anerkennung der Homosexuellenverfolgung als staatliches Unrecht bekannt, sich zur pauschalen Aufhebung der NS-Urteile (nach § 175 und 175a Nr. 4 RStGB) durchgerungen und ein staatliches Mahnmal zum Gedenken an die Homosexuellenverfolgung errichtet hat.

Das *Fantasy Echo* des schwulen Nazi, das jahrzehntelang dazu benutzt worden ist, um die Homosexuellenverfolgung zu marginalisieren sowie die Erinnerung daran zu diskreditieren, ist weitgehend verhallt. Damit ist auch der implizite Vorwurf einer Kollektivschuld gegenüber den verfolgten Homosexuellen zum geschichtlichen Kapitel im Umgang mit der NS-Homosexuellenverfolgung geworden. Nun können homosexuelle Nationalsozialistinnen und Nationalsozialisten zum Gegenstand historischer Forschung werden, ohne dass das *Fantasy Echo* und die darin mitschwingenden homophoben Einstellungen die Untersuchung leiten. Zur Geschichte der nationalsozialistischen Homosexuellenverfolgung gehören auch homosexuelle Nazis; in der Gedenkpolitik sollten sie das bleiben, was sie waren: Mitläufer und Unterstützer eines Regimes oder NS-Täter, die dann zu Verfolgten wurden – schuldig gewordene tragische Gestalten.

Ulrike Janz
Das Zeichen lesbisch in den nationalsozialistischen Konzentrationslagern

1. Weibliche Homosexualität und Nationalsozialismus

Bedeutungen und Bewertungen des Begriffs lesbisch in der totalitären Struktur der nationalsozialistischen Konzentrationslager waren der Fokus meiner außeruniversitären Forschungsarbeiten. Konkret bestand mein Vorgehen zunächst darin, Quellentexte zu sichten und zu sammeln, in denen in irgendeinem Zusammenhang einer oder mehrere der Begriffe lesbisch, Lesbierin, Sexualität zwischen Frauen, „LL" (SS-Jargon), weibliche Homosexuelle oder Vergleichbares vorkam. Wichtigste Grundlage waren schriftlich vorliegende (auto-)biographische Zeugnisse von Frauen, die die Gefangenschaft in NS-Konzentrations- und Vernichtungslagern überlebt haben. Oft bestehen diese Zeugnisse nur aus wenigen Sätzen, manchmal einer Seite, ganz selten aus einem Kapitel in einem längeren Text oder Buch über die persönlichen Erfahrungen der Autorin im Konzentrationslager. Ergänzend kommen NS-Prozessdokumente sowie einzelne Monographien hinzu.

Mein Hintergrund für das Sammeln dieser Zeugnisse war und ist die Auseinandersetzung mit Lesben und dem Handeln von Lesben als Opfer der Gesellschaft einerseits und als Täterinnen andererseits. Es ging mir darum, auch das „negative Eigentum"[1] in der lesbischen Geschichte wahrzunehmen und ebenso zur Grundlage meines lesbisch-feministischen Denkens und Handelns zu machen wie die Geschichte von Lesben als Opfer und Widerständige im Heteropatriarchat.

---

[1] Dieser Begriff stammt von Jean Amery (Jenseits von Schuld und Sühne, München 1988), jüdischer Überlebender mehrerer Konzentrationslager, der ihn auf die deutsche nicht-jüdische Geschichte des Nationalsozialismus bezog. Lerke Grafenhorst übertrug den Begriff in die feministische Auseinandersetzung mit Frauen als Opfer und Täterinnen im Nationalsozialismus; vgl. Lerke Grafenhorst, Nehmen wir Nationalsozialismus und Auschwitz ausreichend als unser negatives Eigentum in Anspruch? in: dies./Carmen Tatschmurat (Hrsg.), TöchterFragen. Ns-Frauen-Geschichte, Freiburg 1990, S. 17–37; und meine Essays: (K)Eine von uns? Vom schwierigen Umgang mit „zwiespältigen Ahninnen", in: Ihrsinn 3 (1991), S. 24–39; „Und ich hab' gedacht, dass mich eigentlich die Liebe zu Orli sehr stark am Leben erhalten hat". Lesben/lesbisches Verhalten in nationalsozialistischen Konzentrationslagern – Zeugnisse überlebender Frauen, in: Die Herausforderung annehmen. Dokumentation zur 9. Berliner Lesbenwoche 1993, Berlin 1994, S. 114–118 (www.lesbengeschichte.de/Pdfs/pdfs_ns_deutsch/janz_lesbisches_verhalten_1994.pdf).

Wenn ich die Ergebnisse meiner Forschungsaktivitäten vorstellte, war mir immer der Hinweis wichtig, dass das Thema nicht auf Lesben in NS-Konzentrationslagern verkürzt werden darf. Verschriftlichungen meiner Arbeit finden sich bislang in einigen Zeitschriftenbeiträgen sowie in Dokumentationen von lesbenpolitischen Veranstaltungen wie dem Lesbenfrühlingstreffen oder der Berliner Lesbenwoche[2].

2. Stigmata: Lesbe, lesbisch

In den von mir ausgewerteten Zeugnissen werden nur wenige Frauen direkt als Lesbierinnen benannt: Claire und Cilly, das von Anja Lundholm geschilderte Lesbenpaar aus Berlin[3], sowie drei skandinavische Lesbierinnen, die Luce d'Eramo als zärtlich und fürsorglich zueinander beschreibt[4]. Die genannten Autorinnen berichten nicht über sexuelles Geschehen zwischen diesen Frauen und bezeichnen sie nicht etwa deshalb als lesbisch, sondern sie wissen anscheinend um deren Identität. Insa Eschebach zweifelt allerdings den Wahrheitsgehalt von Anja Lundholms Beschreibungen an und vermutet eine Fiktionalisierung; hier besteht Diskussionsbedarf[5].

Einverständliches lesbisches Verhalten entwickelt sich nach Einschätzung der Autorinnen zumeist situationsbedingt: Lagerhomosexualität aus Männermangel, „moralischer Verderbtheit" oder durch Verführung der als selten angenommenen „echten" Lesbierinnen. Die Bedeutung von Freundschaft, Verbundenheit, Zärtlichkeit, Solidarität und auch Liebe wird unter den Frauen der eigenen Gruppe häufig betont. Sexualität dagegen wird in der Regel nur bei Frauen aus anderen Gruppen (schwarze Winkel = „Asoziale" und grüne Winkel = „Kriminelle"[6]) wahrgenommen – und häufig verurteilt.

---

[2] Weiterführende Literatur findet sich bei Ulrike Janz, Literaturliste Lesben im Nationalsozialismus, in: Ihrsinn 22 (2000), S. 120–127, sowie www.lesbengeschichte.de/ns_lit_d.html.
[3] Vgl. Anja Lundholm, Das Höllentor. Bericht einer Überlebenden, Reinbek 1988, S.12f. und S. 41–45.
[4] Vgl. Luce d'Eramo, Der Umweg, Reinbek 1981.
[5] Vgl. Insa Eschebach, Homophobie, Devianz und weibliche Homosexualität im Konzentrationslager Ravensbrück, in: dies. (Hrsg.), Homophobie und Devianz. Weibliche und männliche Homosexualität im Nationalsozialismus, Berlin 2012, S. 65–78, hier S. 73f.
[6] Ich setze die Zuordnungen der Gefangenen in Anführungszeichen, da sie oft willkürlich und zufällig waren und der gegenseitigen Unterdrückung dienten; lediglich die Bezeichnung als Jüdin oder jüdische Gefangene belasse ich ohne Anführungszeichen, obwohl auch hier die Nationalsozialisten entschieden, wer Jüdin sein sollte; letztlich waren alle Gefangenen politische Gefangene.

Das Zeichen lesbisch 79

Die mir vorliegenden Berichte stammen fast ausschließlich von Frauen, die entweder als Jüdinnen oder als „Politische" in die Konzentrationslager verschleppt wurden. Ihr Blick auf die „asozialen" und „kriminellen" Frauen ist geprägt von sozialer, heterosexistischer Stigmatisierung. Jene Frauen wurden immer wieder als korrupt, gewalttätig, unzuverlässig und moralisch verderbt beschrieben. Ihre „lasterhaften" lesbischen Neigungen galten als Teil dieser „Unmoral". Andererseits handelt es sich dabei in der Regel um deutsche („arische") Frauen, deren oft beschriebener extremer Antisemitismus kaum eine wohlwollendere Wahrnehmung möglich macht. Hinzu kommt, dass im Frauenkonzentrationslager Ravensbrück, über das die meisten Zeugnisse berichten, von der SS in den ersten Jahren nahezu ausschließlich Gefangene mit grünen Winkeln als privilegierte Funktionshäftlinge eingesetzt wurden[7]. Wenige hiervon abweichende Zeugnisse, die eine positive Aneignung des Begriffs ermöglichen, weisen darauf hin, dass die Beobachtung lesbischen Verhaltens bei sich selbst oder bei Frauen der eigenen Gruppe eine positive oder zumindest neutrale Wahrnehmung und Interpretation wahrscheinlicher machen.

Die negative Wahrnehmung der als lesbisch konnotierten Verhaltensweisen speist sich auch daraus, dass die Zeitzeuginnen häufig sexualisierten Sadismus, sexuelle Nötigung oder Aufforderung zur Zwangsprostitution beschrieben – sowohl unter den Aufseherinnen gegenüber Gefangenen als auch bei Funktionshäftlingen gegenüber machtlosen Gefangenen. Hierdurch erfährt die Verhaltenskategorie lesbisch eine widersprüchliche, komplizierte Mehrfach-Stigmatisierung: Von der SS verboten und bestraft und zumindest potentiell verfolgungsrelevant[8], von Aufseherinnen und Funktionshäftlingen als eine Form von Gewalt gebraucht, unter den Häftlingen als Zeichen sozialer Abweichung verachtet.

Luce d'Eramos Geschichte ist in diesem Zusammenhang als Ausnahme sehr interessant. Sie kam als italienische Faschistin freiwillig zur Arbeit nach Deutschland, änderte dort bald ihre politische Einstellung und wurde schließlich als „Asoziale" nach Dachau verschleppt. Sie, die sich selbst als politische Gefangene begriff, war frei von Vorurteilen gegen andere „Schwarzwinklige" – auch gegen die Lesbierinnen unter ihnen. Es ist nicht möglich, zu sagen, welche dieser so bezeichneten Frauen sich tatsächlich als Lesben (oder

---
[7] Vgl. Bernhard Strebel, Die „Lagergesellschaft". Aspekte der Häftlingshierarchie und Gruppenbildung in Ravensbrück, in: Claus Füllberg-Stolberg u.a. (Hrsg.), Frauen in Konzentrationslagern. Bergen-Belsen, Ravensbrück, Bremen 1994, S. 79–88.
[8] Es existieren einige wenige KZ-Einweisungspapiere mit dem Verhaftungsgrund „lesbisch".

Lesbierinnen) sahen, und andersherum, wie viele Lesben aus allen Gruppen in den Lagern dieser Wahrnehmung entgingen, weil sie unauffällig blieben. Als Lesbe bekannt zu sein, bedeutete eine zusätzlich Quelle von Unterdrückung sowohl von Seiten der SS wie auch anderer Gefangener[9]. Dies ist sicher ein Grund, warum offenes sexuelles Verhalten in der Regel nur bei (zeitweilig) im Lager relativ privilegierten Frauen (wie deutschen, nicht-jüdischen „Asozialen" oder „Kriminellen") zu beobachten war. Es ist auch ein Grund dafür, dass uns keine Zeugnisse von Gefangenen vorliegen, die sich selbst als Lesben, Lesbierinnen, frauenliebende Frauen oder ähnlich bezeichneten.

3. Freundschaft versus lesbische Liebe

Vor allem die „politischen" Frauen (roter Winkel) betonen immer wieder die Bedeutung ihrer engen, aber nicht sexuellen Freundschaftsbeziehungen im Gegensatz zu den lesbisch-sexuellen der „Asozialen". In dieser Weise berichtete etwa Margarete Buber-Neumann sehr ausführlich über ihre Freundschaft und Liebe zu Milena Jesenská. Über Sexualität sprach sie nicht, allerdings ist aus ihrer starren Einteilung in „Freundschaft" bei „politischen" Frauen und „sexuelle Verhältnisse" bei „Asozialen" die Einordnung ihrer Beziehung herauszulesen. Ich gehe davon aus, dass diese strikte Unterscheidung stärker von der Angst vor sozialer Stigmatisierung oder vor dem Vorwurf politischer Unkorrektheit getragen wurde als von tatsächlichen Unterschieden zwischen den Beziehungen „politischer" Frauen einerseits und „asozialer" Frauen andererseits. Georgia Tanewa, eine bulgarische politische Gefangene in Ravensbrück, konstatierte einen „Puritanismus der damaligen Linken", die „das Homosexuelle als ein strikt privates Problem" gesehen habe[10]. Eine seltene Ausnahme war Margareta Glas-Larsson, die ihre Beziehung zur Lagerältesten im Vernichtungslager Auschwitz-Birkenau, Orli Reichert, auch als sexuelle schildert. Glas-Larsson sah ihre Bereitschaft zu lesbischer Liebe und Sexualität (die sie selbst nicht als lesbisch benennt) als situationsbedingt an, bewertete sie aber unbedingt als positiv. Ihre Verlassenheit im Lager, vor allem aber die überlebensnotwendige Zuneigung und Fürsorge einer anderen und zu einer anderen benannte

---

[9] Vgl. Lundholm, Höllentor; Margarete Buber-Neumann, Milena. Kafkas Freundin, Frankfurt a. M. 1986 (das Folgende nach ebenda).
[10] Zit. nach Claudia Schoppmann, Nationalsozialistische Sexualpolitik und weibliche Homosexualität, Pfaffenweiler ²1997, S. 239f.

sie als Gründe: „Und ich hab gedacht, dass mich eigentlich die Liebe zu Orli sehr stark am Leben erhalten hat."[11]

4. Zwangsprostitution, sexuelle Nötigung, SS-Täterinnen

Ein weiterer Teil des lesbischen Verhaltens oder der lesbischen Beziehungen, die von überlebenden Frauen geschildert wurden, bezieht sich auf Formen sexualisierter Gewalt. Hierzu gehören all die Situationen, in denen eine Frau, die über mehr Macht oder Ressourcen verfügte, diese nutzte, um sexuelle Leistungen zu erkaufen. Dabei konnte es sich um Zwangsprostitution handeln, die der sich Prostituierenden ein wenig mehr zu essen oder mehr Bekleidung verschaffte. Diese Konstellationen entstanden durch die Machtunterschiede unter Gefangenen, die von der SS vor allem über das System der Funktionshäftlinge installiert wurden. Hier konnte der Machtunterschied tatsächlich Macht über Leben und Tod anderer Frauen bedeuten. Ebenso versprach „gute" Arbeit, etwa im Küchenbereich, ein Mehr an Macht, weil sie mit Zugang zu Nahrungsressourcen verbunden war, die für das Erkaufen auch von sexuellen Diensten eingesetzt werden konnten. Die überlebenden Frauen bezeichneten Funktionshäftlinge, deren sexuellen Machtgebrauch sie in dieser Weise schildern, meist als homosexuell oder als Lesbierin – ihre Opfer dagegen nicht.

Im Gegensatz zu den Funktionshäftlingen, die erst eine Entscheidung des Gebrauchs ihrer Macht gegen Mitgefangene zu Täterinnen machte, ist jede Aufseherin unabhängig von ihrem individuellen Handeln als Täterin zu bezeichnen. Ihre Entscheidung, als Aufseherin im Konzentrationslager zu arbeiten, machte sie automatisch zur Täterin. Entgegen häufig gehörten Einschätzungen konnten sich auch bereits angeworbene Aufseherinnen gegen diese Tätigkeit entscheiden, und einige taten dies auch. Überlebende Frauen berichteten von brutalen und weniger brutalen SS-Frauen; Täterin jedoch bleibt jede von ihnen. Funktionshäftlinge dagegen galten meist als Mithäftlinge in machtvollen, aber auch schwierigen Positionen, deren individuelles Verhalten differenziert beurteilt wurde. Gelegentlich ist von einer Gefangenen die Rede, die ihre Macht so gebrauchte, dass sie quasi auf der Seite der SS-Täterinnen und Täter stand. Die Machtstrukturen schufen die Voraussetzungen für Gewalt, sie verursachten sie aber nie zwangsläufig.

Sexuell motivierter oder sexualisierter Machtgebrauch war ein Ausdruck der absoluten Macht der SS, hier der SS-Frauen. Von einigen heißt

[11] Margareta Glas-Larsson, Ich will reden. Tragik und Banalität des Überlebens in Theresienstadt und Auschwitz, Wien u. a. 1981, S. 49.

es (immer wieder genannt wird Irma Greese[12]), dass sie sich „sexuelle Sklavinnen" hielten und aus ihren sadistischen Quälereien sexuellen Lustgewinn zogen. Olga Lengyel, Überlebende von Auschwitz, bezeichnet Irma Greese als bisexuell[13], in den hier ausgewerteten Zeugnissen wurde keine Aufseherin als Lesbe oder Lesbierin benannt. Insa Eschebach vermutet eine retrospektive Sexualisierung des sadistischen Verhaltens von nationalsozialistischen (meist SS-)Täterinnen und Tätern sowie Funktionshäftlingen, die auch in Fiktion und Filmen über den Nationalsozialismus häufig erfolgt und zu einem festen Bestandteil der „visuellen Kultur der westlichen Welt" geworden ist[14].

Es gab Lesben unter den SS-Frauen, die sexuelle Gewalt ausübten oder ihr Gewaltverhalten sexualisierten. Diese nutzten ihre Macht, um ein sexuelles Interesse an Frauen mit Gewalt durchzusetzen. Im Fall heterosexueller SS-Täterinnen wäre hingegen von einem Unterdrückungsinteresse zu sprechen, das die Erniedrigung einer anderen Frau sexualisierte. Die Übergänge sind vermutlich fließend, und die Motive einzelner Täterinnen ändern nichts am Gewaltcharakter ihres Handelns. Auch lesbische SS-Frauen hatten Gründe, ihre sexuellen Neigungen nicht öffentlich werden zu lassen. Es gibt Hinweise darauf, dass Frauen in den verschiedenen NS-Organisationen für lesbisches Verhalten bestraft wurden.

5. Macht und Entscheidung

Lesbisches Verhalten bezeichnet im Kontext der Konzentrationslager eine Vielzahl von Handlungen, die von absolut positiv (Zuneigung, Liebe, Fürsorge, Zärtlichkeit, überlebensnotwendig, solidarisch) bis absolut negativ (Nötigung, Zwangsprostitution, Gewalt) zu beurteilen sind. Hier ist dem Resümee Claudia Schoppmanns zuzustimmen: „Es gibt keine Gnade der weiblichen Geburt, und auch Homosexualität prädestiniert nicht zu einem bestimmten sozialen Handeln oder Verhalten."[15] Frauen, die laut Zeug-

---

[12] Zu weiteren Quellen über Irma Greese vgl. Ulrike Janz, Zeugnisse überlebender Frauen. Die Wahrnehmung von Lesben/lesbischem Verhalten in nationalsozialistischen Konzentrationslagern, Teil 3 in: Frauenzeitung München 4 (1995) H. 10, S. 49ff., hier S. 50.
[13] Olga Lengyel, Five Chimneys. A Woman's Survivor's True Story of Auschwitz, London/New York 1972, S. 193.
[14] Vgl. Eschebach, Weibliche Homosexualität im Konzentrationslager Ravensbrück, S. 77.
[15] Claudia Schoppmann, Zeit der Maskierung. Lebensgeschichten lesbischer Frauen im „Dritten Reich", Berlin 1993, S. 29.

nissen von Überlebenden „auf der richtigen Seite standen" wie Orli Reichert, Lagerälteste im sogenannten Krankenrevier in Auschwitz-Birkenau, deren Bemühungen, Mitgefangene zu retten, immer wieder lobend genannt wurden, trafen aufgrund ihrer politischen und persönlichen Überzeugungen die Entscheidung zu solchen Handlungen. Dabei ist unklar, ob Reichert, über deren Beziehungen zu Frauen mehrere Überlebende schreiben und die auch als Lesbierin bezeichnet wurde, eine lesbische Identität hatte. In ihrer 1989 herausgegebenen Biographie werden lesbische Aspekte mit keinem Wort erwähnt[16].

6. Methodische Überlegungen und Forschungsperspektiven

Meine Quellenbasis besteht aus Texten und Büchern von überlebenden weiblichen Gefangenen der nationalsozialistischen Konzentrationslager. Hinzu kommen Ausschnitte aus Interviews mit Überlebenden, die von anderen Forscherinnen veröffentlicht wurden, sowie Zeuginnenaussagen aus Prozessen gegen SS-Aufsichtspersonal der Konzentrationslager. Bei biographischen Quellen stellt sich immer die Frage nach Aussage- und Wahrheitsgehalt dieser Zeugnisse. Bedeutsam ist die Arbeit von Michael Pollak, dessen Erkenntnisse methodisch richtungsweisend sind[17].

Zur Frage der Glaubwürdigkeit der von mir bearbeiteten Quellen lassen sich einige konkrete Beispiele anführen. So wurde Fania Fénelons Buch über „Das Mädchenorchester von Auschwitz", in dem sich ausführliche und extrem stigmatisierende Schilderungen „lesbischer Szenen" finden, von anderen Mitgefangenen wie Anita Lasker-Wallfisch und Zocha Nowak vehement kritisiert. Außerdem weist Insa Eschebach auf den augenscheinlich eher fiktionalen Charakter der (positiv konnotierten) lesbischen Gefangenen in Anja Lundholms „Höllentor" hin[18].

Ein weiterer möglicher methodischer Zugang wäre die „dichte Beschreibung", wie sie von Clifford Geertz entwickelt wurde[19] und auch von Wolfgang Sofsky in seinem Maßstäbe setzenden Werk über „Die Ordnung des

---

[16] Vgl. Bernd Teger/Günther Thiele, Der dunkle Schatten. Leben mit Auschwitz. Erinnerungen an Orli Reichert-Wald, Marburg 1989.
[17] Michael Pollak, Die Grenzen des Sagbaren. Lebensgeschichten von KZ-Überlebenden als Augenzeugenberichte und als Identitätsarbeit, Frankfurt a.M. 1988.
[18] Vgl. Eschebach, Weibliche Homosexualität im Konzentrationslager Ravensbrück, S. 73f.
[19] Vgl. Clifford Geertz, Dichte Beschreibung. Beiträge zum Verstehen kultureller Systeme, Frankfurt a.M. 1983.

Terrors" angewandt wurde[20]. Im Wesentlichen dürfte sich aber nach wie vor eine kritisch-hermeneutische Textanalyse als Methode anbieten[21]. In diesem Forschungsstrang geht es nicht in erster Linie um die Lesben als *Personen*, sondern vielmehr um das *Zeichen* lesbisch oder um die *Figur* der Lesbe im Konzentrationslager. Vorrangiges Ziel einer weiteren Bearbeitung wäre meiner Einschätzung nach, die Bedeutung des Begriffs lesbisch in den nationalsozialistischen Konzentrationslagern umfassend aufzuzeigen, zu analysieren und in seiner strukturellen Einbettung in das Terrorsystem der Lager zu erforschen.

---

[20] Vgl. Wolfgang Sofsky, Die Ordnung des Terrors. Das Konzentrationslager, Frankfurt a. M. 1993.
[21] Vgl. Siegfried Lamnek, Qualitative Sozialforschung, Bd. 2: Methoden und Techniken, Weinheim ³1995; Heinz Bude, Die Kunst der Interpretation, in: Uwe Flick/Ernst von Kardoff/Ines Steinke (Hrsg.), Qualitative Forschung, Reinbek 2000, S. 569–578.

Claudia Schoppmann
Lesbische Frauen und weibliche Homosexualität im Dritten Reich
Forschungsperspektiven

1. Themenstellung und Forschungsergebnisse

Wie die Debatten um das Denkmal für die im Nationalsozialismus verfolgten Homosexuellen und den Ein- beziehungsweise Ausschluss lesbischer Frauen gezeigt haben, wird es der vielfältigen Lebenssituation lesbischer Frauen nicht gerecht, wenn ihre Erinnerungswürdigkeit in Frage gestellt oder die Verfolgungssituation homosexueller Männer zum alleinigen Bewertungsmaßstab erhoben wird[1]. Als jüngstes Beispiel sei hier auf die Ablehnung einer Widmungstafel für lesbische Frauen in der KZ-Gedenkstätte Ravensbrück seitens der Stiftung Brandenburgische Gedenkstätten Ende 2012 verwiesen[2]. Der Begriff Verfolgung darf jedoch nicht nur auf polizeiliche und justizielle Repression bezogen werden.

Im Folgenden werde ich die Forschungsergebnisse zu Situationen lesbischer Frauen im Nationalsozialismus skizzieren, die vor allem auf meinen seit Mitte der 1980er Jahre erfolgten Untersuchungen basieren. Danach gehe ich auf Forschungsperspektiven und -möglichkeiten ein.

Das NS-Regime machte deutliche Unterschiede in der Repression gegen homosexuelle Männer einerseits und Frauen andererseits. Dieses geschlechtsspezifische Vorgehen zeigte sich besonders im Strafrecht – mit weit reichenden Folgen. Sexuelle Handlungen zwischen Frauen standen an sich nicht unter Strafe, im Gegensatz zu solchen zwischen Männern, die durch § 175 des Reichsstrafgesetzbuchs kriminalisiert wurden[3]. Gleichzeitig mit der Verschärfung des § 175 am 28. Juni 1935 hatte der Gesetzgeber auch den fundamentalen Rechtsgrundsatz „ohne Gesetz keine Strafe" aufgehoben,

---

[1] Vgl. Corinna Tomberger, Das Berliner Homosexuellen-Denkmal: Ein Denkmal für Schwule *und* Lesben? in: Insa Eschebach (Hrsg.), Homophobie und Devianz. Weibliche und männliche Homosexualität im Nationalsozialismus, Berlin 2012, S. 187–207.

[2] Vgl. Lesben- und Schwulenverband Berlin-Brandenburg, Keine Gedenktafel für lesbische Frauen in Ravensbrück (http://berlin.lsvd.de/neuigkeiten/keine-gedenktafel-fur-lesbische-frauen-in-ravensbruck).

[3] Des Vergehens der Sodomie („Unzucht von Menschen mit Tieren", § 175b StGB) wurden jedoch auch Frauen für fähig gehalten.

nach dem eine Handlung nur dann bestraft werden konnte, wenn diese Strafe gesetzlich bestimmt war, bevor die Handlung begangen wurde. Nun konnten auch bislang straffreie Handlungen verfolgt werden – vorausgesetzt, sie galten nach dem Grundgedanken eines Strafgesetzes als strafbar und hätten nach dem „gesunden Volksempfinden Bestrafung verdient"[4]. Was unter diesem schwammigen Begriff zu verstehen war, wurde nie genau definiert. Bis heute ist unklar, ob auf diese Weise auch Frauen wegen gleichgeschlechtlicher Handlungen nach § 175 RStGB verurteilt wurden.

Anders war die Rechtslage in Österreich[5]. Dort sanktionierte der § 129 I b ÖStGB die „Unzucht mit einer Person desselben Geschlechts" mit Zuchthaus von einem bis fünf Jahren. Dieses Gesetz betraf beide Geschlechter. Es wurde auch nach der Annexion Österreichs im März 1938 weiterhin gegen Frauen – auch solche aus dem „Altreich" – angewandt. Die unterschiedliche Intensität der strafrechtlichen Verfolgung in Österreich – der Frauenanteil der in Wien nach § 129 I b ÖStGB Verurteilten betrug in den Jahren zwischen 1938 und 1945 etwa fünf Prozent – ist symptomatisch für das geschlechtsspezifische Vorgehen der Nationalsozialisten. Es ist vor allem auf die unterschiedliche Beurteilung von weiblicher und männlicher Sexualität und auf die Geschlechterhierarchie im Dritten Reich zurückzuführen. Aufgrund der vielfältigen Kontrollmechanismen gegenüber Frauen im familiären, rechtlichen, politischen und ökonomischen Bereich konnte auf eine systematische Anwendung des Strafrechts als Mittel zur Abschreckung und Einschüchterung offenbar verzichtet werden.

Auch die Tatsache, dass Frauen von einflussreichen Positionen und Berufen weitgehend ausgeschlossen waren und ihnen keine eigenständige, vom Mann unabhängige Sexualität zugestanden wurde, führte dazu, dass weibliche Homosexualität als sozial ungefährlicher und im Sinne der Bevölkerungspolitik weniger bedrohlich galt als männliche Homosexualität. Die Auflösung der nicht-nationalsozialistischen Frauenbewegungen 1933 und die Kontrolle über Millionen „arische" Frauen in NS-Organisationen trug hierzu bei. Daher

---

[4] Die Strafrechtsnovelle vom 28.6.1935 lautete (§ 2 StGB): „Bestraft wird, wer eine Tat begeht, die das Gesetz für strafbar erklärt oder die nach dem Grundgedanken eines Strafgesetzes und nach gesundem Volksempfinden Bestrafung verdient. Findet auf die Tat kein bestimmtes Strafgesetz unmittelbar Anwendung, so wird die Tat nach dem Gesetz bestraft, dessen Grundgedanke auf sie am besten zutrifft." Strafgesetzbuch mit den wichtigsten Nebengesetzen, München/Berlin ³1936, S. 3.

[5] Vgl. Johann Karl Kirchknopf, Die Verfolgung weiblicher Homosexualität in Wien während der NS-Zeit. Rechtshistorische und quantitative Perspektiven, Diplomarbeit, Wien 2012; vgl. dazu den Beitrag von Johann Karl Kirchknopf in diesem Band.

glaubten die Machthaber, auf eine systematische Strafverfolgung lesbischer Frauen verzichten zu können. Anders war die Rechtslage in Fällen, in denen lesbische Handlungen mit Untergebenen oder Minderjährigen, gewaltsam oder öffentlich begangen wurden. Sie konnten nach §§ 174, 176 und 183 RStGB, die „Verbrechen und Vergehen wider die Sittlichkeit" unter Strafe stellten, verfolgt werden. Der gleichgeschlechtliche Kontext blieb in der Statistik jedoch unsichtbar, so dass nicht festzustellen ist, wie viele solche Fälle es gegeben haben mag.

Dies schützte jedoch nicht vor Denunziationen; auch weibliche Homosexualität wurde gesellschaftlich geächtet und entsprach nicht dem „gesunden Volksempfinden". Die Infrastruktur (Vereinigungen, Lokale, Periodika), die in einigen Großstädten in den 1920er Jahren existiert hatte, wurde 1933 weitgehend zerschlagen oder unter Beobachtung gestellt. Allein der Verdacht gegen Frauen oder ihre Benennung in anderen Verfahren reichte für polizeiliche Ermittlungen, Hausdurchsuchungen, Verhöre und andere Maßnahmen. Wenn einzelne Frauen ins Visier des Regimes gerieten, mussten auch sie mit Repressionen rechnen – mit unterschiedlichen Konsequenzen.

Es gibt Belege, dass die Polizeibehörden verdächtige Frauen im Zuge von Ermittlungsverfahren namentlich registrierten, um unter Umständen gegen sie vorgehen zu können. Offenbar hat auch das Rassenpolitische Amt der NSDAP spätestens seit 1938 Namen und Adressen lesbischer Frauen gesammelt. Welche Konsequenzen diese Registrierungen hatten, ist bisher nicht bekannt. Jeder legalen Grundlage entbehrte das Vorgehen der Nationalsozialisten, als Volks- oder Staatsfeinde deklarierte Menschen ohne richterlichen Beschluss in ein Konzentrationslager einzuweisen. Wenn Frauen aufgrund gleichgeschlechtlichen Verhaltens in ein KZ eingewiesen wurden, wurden sie nicht wie homosexuelle Männer mit einem rosa Winkel gekennzeichnet, sondern anderen Häftlingsgruppen zugeordnet. Die Frage, ob diese Frauen tatsächlich lesbisch waren oder sich entsprechend verhalten haben, ist zweitrangig und kann aufgrund der Quellenlage ohnehin kaum eindeutig geklärt werden. Entscheidend ist, dass das NS-Regime auf tatsächlich oder vermeintlich sexuell abweichendes Verhalten repressiv reagierte.

Für Frauen, die deshalb (oder aus zusätzlichen weiteren Gründen) inhaftiert wurden, gab es also keine spezielle Häftlingskategorie. Dies erschwert die Suche nach ihren Spuren erheblich und macht quantitative Angaben zu ihrer Anzahl unmöglich. Allerdings gab es unter den Gefangenen *aller* Häftlingsgruppen lesbische Frauen beziehungsweise lesbisches Verhalten, das bei den Mitgefangenen in aller Regel auf Ablehnung stieß und von der Lagerleitung bei Entdeckung geahndet wurde[6].

2. Forschungsperspektiven und -möglichkeiten

Wenn es um die Erforschung der Erfahrungen lesbischer Frauen im Dritten Reich geht, sollten wir uns von eindimensionalen Vorannahmen verabschieden. Es gab vielfältige Formen von Diskriminierung, Repression und Verfolgung. Diese haben jedoch nicht unbedingt (archivalische) Spuren hinterlassen. Das Fehlen systematischer Strafverfolgung bedeutete nicht zwangsläufig, dass lesbische Frauen unbehelligt blieben. Ebenso wenig ist der Umkehrschluss zutreffend, dass alle lesbischen Frauen Repressionen ausgesetzt waren. Auch ein totalitäres Regime wie der NS-Staat bot mitunter Nischen und eröffnete Handlungsspielräume. Das Leben lesbischer Frauen war, wie das aller Menschen im Dritten Reich, von unterschiedlichen Faktoren geprägt: von der rassistischen Zuordnung, der Schichtzugehörigkeit, weltanschaulichen und politischen Einstellungen und anderem mehr. Wenn es um die Rekonstruktion einer Alltagsgeschichte lesbischer Frauen geht, sollten auch die Spuren lesbischer NS-Sympathisantinnen und Täterinnen[7], wo sie sichtbar werden (etwa in Frauenorganisationen wie dem BDM oder dem Reichsarbeitsdienst), nicht ausgeblendet werden.

Seit den 1990er Jahren hat sich die Archivlandschaft erheblich verändert. Neue Quellenbestände wurden der Forschung zugänglich, etwa die Unterlagen des Internationalen Suchdiensts des Roten Kreuzes in Bad Arolsen[8]. Darüber hinaus wurden inzwischen viele Archivbestände (teilweise) erschlossen und indiziert (etwa im Landesarchiv Berlin und im Staatsarchiv Hamburg). Andererseits erschwert der Datenschutz die Forschung: Akten,

---

[6] Vgl. dazu den Beitrag von Ulrike Janz in diesem Band.
[7] So wurde etwa Anneliese Kohlmann (1921–1977) 1944 als SS-Aufseherin verpflichtet und war dann in zwei Außenkommandos des KZ Neuengamme sowie in Bergen-Belsen eingesetzt. Im zweiten Bergen-Belsen-Prozess vor einem britischen Militärgericht wegen Misshandlungen von KZ-Häftlingen angeklagt, sagte sie 1946 aus, dass sie 1944/45 zwar verlobt gewesen sei, aber sexuelle Beziehungen zu Frauen gehabt habe. Vgl. Claudia Taake, Angeklagt. SS-Frauen vor Gericht, Oldenburg 1998, S. 106.
[8] Dank der Öffnung des ITS konnte ich die Verfolgungsgeschichte von Margarete Rosenberg rekonstruieren, von der bis dahin nur bekannt war, dass sie am 30.11. 1940 als „Politische" mit dem Zusatz „lesbisch" ins KZ Ravensbrück eingeliefert worden war. Vgl. Claudia Schoppmann, Elsa Conrad, Margarete Rosenberg, Mary Pünjer, Henny Schermann. Vier Porträts, in: Eschebach (Hrsg.), Homophobie und Devianz, S. 97–111, hier S. 100–104.

die personenbezogene Daten enthalten, können frühestens zehn Jahre nach Tod oder 90 Jahre nach Geburt der Betreffenden eingesehen werden (es sei denn, das Archiv gewährt unter Auflagen eine Schutzfristverkürzung). Es gibt also keine spezifischen, geschlossenen Quellenbestände, die zur Auswertung zur Verfügung stehen. Auch besteht heute aus Altersgründen fast keine Möglichkeit mehr, Interviews mit Zeitzeuginnen oder Zeitzeugen durchzuführen. Dennoch gibt es verschiedene Forschungsansätze; was sich realisieren lässt, hängt neben der Quellenüberlieferung vor allem von personellen und finanziellen Ressourcen ab.

Strafrecht: Untersucht werden sollte, ob aufgrund der Strafrechtsnovelle (§ 2) vom Juni 1935 auch Frauen wegen gleichgeschlechtlicher Handlungen nach § 175 RStGB verurteilt wurden – und nicht ausschließlich wegen Mittäterschaft, Beihilfe und Anstiftung zur Straftat eines Mannes, wie dies Rainer Hoffschildt noch 2012 behauptet hat[9]. Der Autor weist nach, dass von 154 eruierten abgeurteilten Frauen 132 zwischen 1882 bis 1969 nach § 175 RStGB verurteilt wurden, davon 23 Frauen in den Jahren 1933 bis 1942. Von den 132 Verurteilungen erfolgten 74 nach § 175 RStGB, „bei denen die ‚Straftat' nicht genau angegeben ist, 30 Verurteilungen wegen Beihilfe zu homosexuellen Handlungen unter Männern"[10], und 28 Verurteilungen betrafen Sodomiefälle („Unzucht von Menschen mit Tieren", § 175 b). Hoffschildts Angaben beruhen auf den veröffentlichten Urteilsstatistiken, nicht aber auf Strafakten oder ähnlichen Unterlagen, die Aussagen zum jeweiligen Tathintergrund ermöglichen.

Delikt-Recherche: Sinnvoll erscheint eine Durchsicht verschiedener Straftatbestände in ausgewählten Archiven, deren Bestände nach Namen, Delikten und Schlagworten erschlossen sind. Infrage kommen Delikte wie: „Unzucht" mit Abhängigen (§ 174) und mit Minderjährigen (§ 176), Erregung öffentlichen Ärgernisses (§ 183), grober Unfug (§ 360), Kuppelei (§ 180), Prostitution (§ 327 und § 361).

Bestands-Recherche: Denkbar ist die Durchsicht aller Ermittlungsakten gegen Frauen, etwa im Landesarchiv Berlin (von insgesamt rund 160 000

---

[9] Vgl. Rainer Hoffschildt, Mindestens 154 Frauen kommen aufgrund des „§ 175" vor Gericht (www.huk-hannover.de/vehn/aufsaetze/Frauen-und-P175.pdf).
[10] Ebenda, S. 8. Bei Recherchen im ITS fanden sich Hinweise auf eine der Verurteilten: die 22jährige Janine L. wurde 1941 wegen „widernatürlicher Unzucht" vom Amtsgericht Lemgo zu einer Geldstrafe verurteilt; eine Strafakte ist nicht überliefert, so dass der Tathintergrund unbekannt bleibt. Vgl. Christian-Alexander Wäldner/Claudia Schoppmann, Lesbengeschichte im Nationalsozialismus – neue Spuren, in: Invertito. Jahrbuch für die Geschichte der Homosexualitäten 11 (2009), S. 142 ff.

Ermittlungsakten entfallen 16000 bis 20000 auf Frauen). Dadurch würde sichergestellt, dass keine relevanten Akten, die möglicherweise unter anderen als den oben genannten Straftatbeständen (§ 174 ff.) indiziert sind, unberücksichtigt bleiben.

Behörden und Institutionen des NS-Staats: Infrage kommen Unterlagen von Behörden und Institutionen, die bezüglich weiblicher Homosexualität eine Rolle gespielt haben können, zum Beispiel: Weibliche Kriminalpolizei (zuständig für „Sittlichkeitsdelikte" und weibliche Beschuldigte); BDM und Reichsarbeitsdienst für die weibliche Jugend; Erziehungs- oder Fürsorgeheime; psychiatrische Anstalten; Gefangenenanstalten; Gesundheitsämter (zuständig für die Kontrolle von Prostituierten); Rassenpolitisches Amt der NSDAP („Lesbenkartei"); Amtsgerichte: Scheidungsunterlagen (Eheanfechtungen), Entmündigungsverfahren, Pflegschaftsakten.

Archivbestände: Zu prüfen wäre, ob sich in den Beständen des ITS, die erst seit etwa 2008 der Allgemeinheit zu Forschungszwecken zugänglich sind, relevante Unterlagen befinden. Neben personenbezogenen Dokumenten kämen Unterlagen der 1936 von Himmler gegründeten Reichszentrale zur Bekämpfung der Homosexualität und der Abtreibung in Frage, durch die über 100000 Personen erfasst wurden, die im Verdacht standen, homosexuell zu sein. Da diese Akten bisher als vernichtet galten, ist nicht bekannt, ob von dieser Abteilung des Reichskriminalpolizeiamts auch Frauen erfasst wurden und wenn ja, welche Konsequenzen dies für die Betroffenen hatte. Ertragreich könnte auch die Durchsicht der teilweise im ITS überlieferten Gestapokarteien mehrerer Städte sein: unter anderem Frankfurt am Main (mit 132000 Karteikarten der größte Bestand), Hamburg, Koblenz, Münster, Osnabrück, Trier, Wiesbaden und Würzburg. Eine solche Recherche ist wegen des Zeitaufwands nur als Kooperationsprojekt durchführbar[11].

Biographische Recherchen: Angesichts einer Forschungslage, die quantitative Zugänge erschwert, sind biographische Herangehensweisen (Einzelfallstudien) besonders wichtig. Während etwa polizeiliche Ermittlungsakten die Sichtweisen der Verfolgungsbehörden (Fremdzuschreibungen) spiegeln, erlauben (auto-)biographische Zeugnisse einen stärkeren Fokus auf der Selbstwahrnehmung der Betroffenen. Sinnvoll wäre es, den in einschlägigen

---

[11] Anhand der Gestapokartei Frankfurt könnte die Identität einer Ortsgruppenführerin des Deutschen Frauenwerks aus dem Unterlahnkreis ermittelt werden, die am 15.1. 1945 von der Gestapo Frankfurt wegen „lesbischer Beziehungen" nach Ravensbrück überführt wurde; die Feststellung des Namens würde weitere Recherchen ermöglichen. Vgl. Claudia Schoppmann, Nationalsozialistische Sexualpolitik und weibliche Homosexualität, Pfaffenweiler ²1997, S. 240.

Veröffentlichungen[12] und in diversen Aktenfunden genannten Namen mittels weiterführender Recherchen, etwa im Landesarchiv Berlin und bei Entschädigungsämtern, nachzugehen. Auch aus anderen Forschungszusammenhängen (etwa der Gedenkstätte Stille Helden[13] in Berlin-Mitte) sind eine Reihe von Namen bekannt, zu denen sich weitere Recherchen lohnen würden. Dies würde dazu beitragen, die unterschiedlichen Lebenssituationen lesbischer Frauen sichtbar zu machen. Problematisch ist freilich, dass Begriffe wie lesbisch und homosexuell bis weit in die 1970er Jahre negativ besetzt waren und möglicherweise in Ego-Zeugnissen nicht verwendet wurden.

---

[12] Vgl. auch die biographischen Hinweise auf www.lesbengeschichte.de.
[13] Vgl. Claudia Schoppmann, Sprung ins Nichts. Überlebensstrategien lesbischer Jüdinnen in NS-Deutschland, in: Invertito. Jahrbuch für die Geschichte der Homosexualitäten 14 (2012), S. 142–160. Bei diesen Recherchen fand ich auch Informationen zu einem/einer Intersexuellen; Kurzbiographie Hans (Hansi-Marion) Bernhard, Gedenkstätte Stille Helden, Recherchestation.

Ingeborg Boxhammer und Christiane Leidinger
Sexismus, Heteronormativität und (staatliche) Öffentlichkeit im Nationalsozialismus
Eine queer-feministische Perspektive auf die Verfolgung von Lesben und/oder Trans* in (straf-)rechtlichen Kontexten

1. Theoretische Grundannahmen und perspektivische Anschlüsse

„Lesbische Handlungen waren [...] [seit 1794] nicht mehr verboten, was aber nicht bedeutete, dass sie auch erlaubt gewesen wären"[1], so beschreibt Jens Dobler pointiert ein nur scheinbares Paradox zur Situation von lesbischen Frauen und/oder Trans*. Dieses Nicht-erlaubt-sein wird im Folgenden in den Blick genommen.

In vielen Archiven sind Strafakten von Kriminalpolizei, Gestapo und Staatsanwaltschaft aus der Zeit des Nationalsozialismus einsehbar[2]. An solche Quellenmaterialien können vor dem Hintergrund bisheriger Forschungsergebnisse neue Fragen zu Geschlechter-, Sexual- und Biopolitik gestellt werden, die die Verfolgung[3] von Lesben, Schwulen, Bisexuellen und/oder Trans* sowie Inter* und von Personen, die für homosexuell gehalten oder als solche konstruiert wurden, in den Mittelpunkt rücken. Diese Quellen lassen sich durch Archivalien aus den Bereichen der Fürsorge und Psychiatrie ergänzen. Die hier vorgeschlagene Forschungsperspektive beruht auf drei theoretischen Grundannahmen:

Erstens schließen wir an die queer-feministische Kritik an der zweigeschlechtlichen Grenzziehung zwischen Öffentlichkeit und Privatheit an, die diese als wirkmächtiges, heteronormatives Konstrukt und zentralen Herrschaftsmodus der Moderne ausgewiesen hat[4]. (Queer-)Feministische

---

[1] Jens Dobler, Unzucht und Kuppelei. Lesbenverfolgung im Nationalsozialismus, in: Insa Eschebach (Hrsg.), Homophobie und Devianz. Weibliche und männliche Homosexualität im Nationalsozialismus, Berlin 2012, S. 53–62, hier S. 55. Wir danken herzlich Brigitte Bargetz für ihre Kritik und Anregungen sowie Melanie Meyer für rechtswissenschaftliche Informationen.
[2] Z. B. LA Berlin, A Rep. 358-02 Generalstaatsanwaltschaft bei dem Landgericht Berlin – Strafverfahren 1933–1945, oder A Pr.Br.Rep. 030 Polizeipräsidium Berlin.
[3] Eine politiktheoretische Bestimmung des Begriffs steht noch aus.
[4] Vgl. Brigitte Bargetz, Ambivalenzen des Alltags. Neuorientierungen für eine Theorie des Politischen, Bielefeld 2014.

Forschungen machten deutlich, dass die Grenzziehung zwischen Öffentlichkeit und Privatheit ver*zwei*geschlechtlicht und hierarchisch ist; Männer werden der Öffentlichkeit, Frauen der Privatheit zugeordnet. Dies zeigt sich *ideologisch* im Nationalsozialismus, indem Frauen in Ehe, Familie und Mutterschaft verbannt und aus „allen einflußreichen öffentlichen Bereichen, insbesondere von politischer und juristischer Verantwortung und aus Berufen von hohem Sozialprestige" ausgeschlossen werden sollten[5]. Heterosexuelle, kohärente Männlichkeit galt als öffentlichkeitsfähig, während männliche Homosexualität als Gefahr für das Öffentliche konstruiert und gezielt strafrechtlich verfolgt wurde: Der Strafrechtslehrer Wenzeslaus Graf Gleispach wertete sie 1934 als „Verfälschung des öffentlichen Lebens", während dieser Gesichtspunkt bei lesbischem Verhalten keine Rolle spiele. Die Öffentlichkeitsdimension änderte sich durch Denunziationen und die darauf folgenden staatlichen Sanktionen[6]. Auch die aus dem Kaiserreich stammende polizeiliche Praxis, auf ärztlicher Grundlage „Transvestitenscheine" auszugeben, sollte die *öffentliche* Sichtbarkeit von äußerlichen Abweichungen, konkret bei geschlechts-nonkonformer Kleidungswahl, regulieren: In der Regel schützte diese Legitimation die Betreffenden vor strafrechtlichen Sanktionen wegen gestörter öffentlicher Ordnung durch „groben Unfug" (§ 360 Nr. 11 RStGB) oder „Erregung öffentlichen Ärgernisses" (§ 183 RStGB)[7]. In unserem Beitrag knüpfen wir an diese Aspekte an und lenken den Blick auf die Schnittstelle von Privatheit und Öffentlichkeit, die Hierarchisierung und die daraus resultierende öffentliche Regulierung von vermeintlich privater Sexualität, Intimität, Geschlechtsidentität und Geschlechterperformance.

Zweitens gehen wir ebenfalls im Anschluss an politikwissenschaftliche und (queer-)feministische Kritik an der *ideologischen* Trennung von Öffentlichkeit und Privatheit davon aus, dass diese Grenzziehung in die Konstruktion und Aufrechterhaltung des Staates eingebunden ist und dabei für das NS-Regime eine wichtige Rolle spielte – widersprüchliche Praxen wie die spätere Einbindung von Frauen in den Arbeitsmarkt des NS-Staats tangiert

---

[5] Claudia Schoppmann, Nationalsozialistische Sexualpolitik und weibliche Homosexualität, Pfaffenweiler ²1997, S. 30; das folgende Zitat findet sich ebenda, S. 90.
[6] Vgl. ebenda, S. 169, S. 183 und S. 236, sowie Claudia Schoppmann, Zwischen strafrechtlicher Verfolgung und gesellschaftlicher Ächtung: Lesbische Frauen im „Dritten Reich", in: Eschebach (Hrsg.), Homophobie und Devianz, S. 35–52, hier S. 36 und S. 42f., und „Die Verfolgung von Lesben und Schwulen im Nationalsozialismus hatte viele Gesichter". Ein Interview von Christiane Leidinger mit Claudia Schoppmann, in: Invertito. Jahrbuch für die Geschichte der Homosexualitäten 14 (2012), S. 146–154.
[7] Vgl. Jane Caplan, The Administration of Gender Identity in Nazi Germany, in: History Workshop Journal 72 (2011), S. 171–180, hier S. 173 ff.

dies nicht. Aus einer solchen Perspektive schlagen wir vor, insbesondere die polizeilichen Reaktionen, die aus Denunziation erwachsen, auf die Konstruktion von Öffentlichkeit sowie auf die Rückbindung der Sanktionen an Rechtsgrundlagen in den Blick zu nehmen. Damit soll sowohl Wissen über öffentlich-staatliche, teils speziell polizeiliche Kontrolle und Verfolgung von lesbischer Sexualität, Geschlechterperformances und (Cross-)Geschlechtlichkeit als auch über Alltagsverhältnisse gewonnen werden.

Drittens schließen wir an eine bislang in Deutschland größtenteils unbeachtete, seit 1998 verstärkt geführte Kontroverse um Begriffe wie Drittes Geschlecht im frühen 20. Jahrhundert an[8]. Dissens besteht zwischen den Wissenschaftler/-innen unter anderem in der Interpretation der historischen Erfahrung sogenannter *female inversion* als homosexuell und/oder *(cross-)gender*. Alle bisherigen Forschungsbeiträge zeigen jedoch auf, dass eine (ver)eindeutige(nde) (Re-)Konstruktion von weiblicher Homosexualität, in/kohärenter Geschlechteridentität und Maskulinität den historischen Subjektivitäten und Alltagspraxen nicht gerecht werden kann – zumal der historische Kontext der Frauenemanzipation mitgedacht werden muss. Dabei ist davon auszugehen, dass die zu historisierenden *gender-expressions* sowie *-performances* und Sexualitäten um 1900 den Deutungshorizont staatlichen, speziell polizeilichen Handelns während des Nationalsozialismus mitgeprägt haben.

2. Thesen und übergeordnete Perspektiven

Als Forschungsansatz möchten wir fünf Thesen in den Mittelpunkt stellen:
1. Denunziationen vermeintlicher oder realer lesbischer Handlungen und Personen und/oder nicht-konformer *gender-expressions* und/oder *-performances*, die bis dahin im Privaten (Wohnung, enger/weiter sozialer Nahraum, Familie) oder im Semi-Privaten (klandestine Subkultur) oder an den „geschlossenen" Arbeitsplatz (etwa eine Fabrik) gebunden waren, stellen eine Form machtvoller, allerdings für die Betroffenen keineswegs ermächtigende Ver-Öffentlichung dar.
2. Die ideologisch sexistisch und heteronormativ dem Privaten zugeschriebenen (gegebenenfalls lesbischen) Frauen und Trans* wurden mit der uneingewilligten Informationsweitergabe durch oder an Dritte *öffentlich* wahrnehmbar, als kontrollwürdig gewertet und zum Gegenstand des

---

[8] Vgl. Claudia Breger, Feminine Masculinities: Scientific and Literary Representations of „Female Inversion" at the Turn of the Twentieth Century, in: JHS 14 (2005), S. 76–106; das Folgende nach ebenda, S. 80 ff. und S. 103.

öffentlichen Interesses. Der störende und gefährdende Gehalt für Öffentlichkeit und „Volkskörper" sollte staatlicherseits überprüft und reguliert werden.
3. Aus der Bewertung der Devianz folgten polizeiliche, staatsanwaltliche und juristische Handlungen, teils Sanktionen.
4. Die Polizei agierte mithin nach dem „Reaktivitätsprinzip"[9], was proaktive Handlungen wie Razzien jedoch nicht grundlegend ausschloss.
5. Die polizeilichen Sanktionspraxen lagen *auch* außerhalb des formalen Strafrechts.

Davon ausgehend schlagen wir übergeordnet zwei – noch genauer auszuarbeitende – Perspektiven für weitere Forschung vor: Erstens Denunziationen als Ver-Öffentlichung und Grundlage für staatliche Regulierung und Sanktionierung, sowie zweitens das Verhältnis von Polizei, Staatsanwaltschaft, Judikative zu Verwaltungs- beziehungsweise Strafrecht und zu staatlichen Sanktionsformen im Rahmen von Verfolgung.

3. Denunziationen als Ver-Öffentlichungen von Devianz und Reaktionen des NS-Staats

Die Regulierung der öffentlichen Sichtbarkeit von Abweichungen ist ein wichtiges Element des NS-Regimes. Dies zeigt auch die noch am Anfang stehende Forschung zu Trans* im Nationalsozialismus, die deutlich gemacht hat, dass Transvestitismus (ebenso wie weibliche Prostitution[10]) unter „Homosexualitätsverdacht"[11] stand; zugleich wurde die Praxis, „Transvestitenscheine" auszugeben, vom NS-Regime fortgeführt und geschlechtsnonkonforme Kleidungswahl sanktioniert[12]. Auch Denunziationen sind in diesem Zusammenhang zu sehen. Sie wurden von Privatpersonen direkt an Gestapo oder Kripo gerichtet oder mittels untergeordneter NS-Instanzen[13]

---

[9] Karl-Heinz Reuband, Denunziation im Dritten Reich. Die Bedeutung von Systemunterstützung und Gelegenheitsstrukturen, in: Historical Social Research 26 (2001), S. 219–234, hier S. 226.
[10] Vgl. Schoppmann, Sexualpolitik, S. 212.
[11] Rainer Herrn, Schnittmuster des Geschlechts. Transvestitismus und Transsexualität in der frühen Sexualwissenschaft, Gießen 2005, S. 158.
[12] Vgl. ebenda, S. 11, S. 79–93, S. 126–134 und S. 157–165; Caplan, Administration, S. 173–176; Katie Sutton, „We Too Deserve a Place in the Sun": The Politics of Transvestite Identity in Weimar Germany, in: German Studies Review 35 (2012), S. 335–354, hier S. 344.
[13] Reuband, Denunziation, S. 222.

weitergegeben. Anknüpfend an Claudia Schoppmann wird die Bedeutung von Denunziationen lesbischer Frauen mit Blick auf die nachfolgenden Sanktionen sichtbar. Die denunzierenden Personen, in der Regel wohl „Volksgenossen" und „Volksgenossinnen", werteten – so unsere These – den Gehalt als öffentlich bedeutsam, teilweise explizit als für den „Volkskörper" relevant, und veröffentlichten daher Privates. Um die staatlich-öffentlichen, letztlich biopolitisch motivierten Reaktionen umfassend zu begreifen, schlagen wir insbesondere folgende Untersuchungsdimensionen vor: den staatlich-administrativen Prozess, der durch Denunziation eingeleitet wurde; die Überprüfung des öffentlichen Interesses; die daraus resultierenden Sanktionsformen, deren Umsetzung sowie deren Konsequenzen für die Betroffenen. Dabei stellt sich die Frage, ob es diesen möglich blieb, sich (weiterhin) geschlechts- und/oder heterosexualitäts-nonkonform zu verhalten beziehungsweise in der Öffentlichkeit zu zeigen. Zudem ist zu klären, ob sich Unterschiede im Verfahren entlang der etwaigen Klassifikationen von männlich und weiblich zeigen.

Für das Vorgehen nach erfolgter Denunziation ist nach der staatlichen Instanz (etwa Kripo, Gestapo, Justiz) zu differenzieren, die die Sanktionen vornahm: Vor welchem rechtlichen Hintergrund und mit welchem Maßstab wurde sanktioniert? Darüber hinaus ist zu untersuchen, welche weiteren Einrichtungen (beispielsweise Fürsorge, Medizin) in der Ermittlung und/ oder Sanktionierung eine Rolle spielten.

Konkret ist insbesondere nach folgenden Formen von Verfolgung und deren etwaigen Veränderungen durch staatliche Entwicklungen zwischen 1933 und 1945[14] zu fragen: Haus-/Wohnungsdurchsuchung, Lokalrazzia, Zensur, Verwarnungen, Kleidungs- und/oder Verhaltensauflagen, Praxen zu „Transvestitenscheinen" sowie Vornamen/Personenstand, Kontaktunterbindung, Trennung der (sexuellen) Beziehung, verordneter Wohnungs-, Wohnort- sowie Arbeitsplatzwechsel, Einschränkung beruflicher Tätigkeit, Trennung von leiblichen/versorgten Kindern, Sorgerechtsentzug, Isolation vom sozialen Umfeld, Einschränkung der Zurechnungsfähigkeit, Pathologisierung, Geschlechtsvereindeutigungszwang, Medikalisierung, Psychiatrisierung, Sterilisierung, Registrierung, Überwachung, Strafverfahren, Verurteilung, Freiheitsentzug und Internierung (Untersuchungs-, Vorbeugungs-, Schutzhaft; Gefängnis, Arbeitshaus, KZ, andere Lager), Zwangsarbeit, körperliche Gewalt bis hin zur Ermordung.

---

[14] Vgl. Andreas Schwegel, Der Polizeibegriff im NS-Staat. Polizeirecht, juristische Publizistik und Judikative 1931–1944, Tübingen 2005.

Darüber hinaus ist der staatlich-administrative Prozess daraufhin zu untersuchen, ob zur Klärung oder Durchsetzung der genannten Sanktionsformen Anordnungen, Verfügungen, Gutachten und ähnliche Schriftstücke vorlagen beziehungsweise wie das Strafverfahren verlief und zu welchen etwaigen Verurteilungen es kam. Weitere Fragen(-komplexe) sollten sich auf die Adressierung der Denunziation per über- oder untergeordnete NS-Instanzen, deren Kontexte, gesellschaftliche Bedeutung und Absichten beziehen[15], auf die etwaigen Handlungsspielräume der Beschuldigten sowie auf deren mögliche Strategien, sich und andere zu schützen.

4. Staatliche Akteure, Sanktionen und Strafrecht

Das Verhältnis zwischen den genannten Sanktionsformen, staatlichen Akteuren, deren Schnittstellen bislang zu wenig untersucht wurden[16], und Strafrecht bezüglich Tatbestand und Rechtsfolge während des NS-Regimes lässt sich analytisch entlang von vier zeitgenössischen[17] Praxen systematisieren: des politischen[18], materiellen oder formalen/förmlichen Strafrechts[19] sowie der Verfolgung etwa durch Kripo oder Gestapo durch (nicht-strafrechtlich kodifiziertes) Verwaltungshandeln. Damit zielen wir auf den Rechtsrahmen der Verfolgung, der vier Fragen aufwirft:
1. Zeigen sich Ansätze eines politischen Strafrechts, angewandt durch Polizei, Staatsanwaltschaft und Gerichte? Wurden also bestehende Paragrafen zur Kriminalisierung instrumentalisiert, wie der Befund[20] einer ungewöhn-

---

[15] Vgl. Reuband, Denunziation, S. 228.

[16] Michael Löffelsender, Strafjustiz an der Heimatfront. Die strafrechtliche Verfolgung von Frauen und Jugendlichen im Oberlandesgerichtsbezirk Köln 1939–1945, Tübingen 2012, S. 5 und S. 83 ff.

[17] In der heutigen Rechtswissenschaft werden die in Rede stehenden Strafrechtsbegriffe üblicherweise folgendermaßen verwendet und wieder mit dem Analogieverbot (mit Verfassungsrang: Art. 103. Abs. 2 GG) verbunden: Materielles Strafrecht umfasst alle Rechtsnormen, die sich mit den Voraussetzungen der Strafbarkeit (Tatbestand) und Rechtsfolgen beschäftigen; das Strafprozessrecht gehört zum formellen Strafrecht. Vgl. z.B. Volker Krey, Deutsches Strafrecht. Allgemeiner Teil, Bd. 1: Grundlagen, Tatbestandsmäßigkeit, Rechtswidrigkeit, Schuld, Stuttgart ³2008, S. 15.

[18] Vgl. Michael Fürst, Politisches Strafrecht im Dritten Reich. Wie das Terrorregime versuchte, Strafrecht und -justiz zum willfährigen Helfershelfer der Unterdrückung zu machen, Aachen 1995.

[19] Vgl. Gerhard Werle, Justiz-Strafrecht und polizeiliche Verbrechensbekämpfung im Dritten Reich, Berlin/New York 1989, S. 57 ff.

[20] Vgl. Dobler, Unzucht, S. 59f.

lichen Verurteilung zweier Lesben wegen „schwerer Kuppelei" nahelegt[21]?
2. Orientierten sich die Sanktionen am formalen/förmlichen Strafrecht (zum Beispiel nach §§ 180, 181/181 a, 183, 360 Nr. 11 RStGB)?
3. Lassen sich Ansätze eines materiellen Strafrechts nachweisen? Materiell wäre es, sich „nicht von den im Gesetz förmlich formulierten Straftatbeständen abhängig" zu machen, sondern „die offenkundig substantielle Gerechtigkeit der Sache' [zu] sehen und [zu] verwirklichen"[22]. Ausgangspunkt wäre dann nicht die *Tat*, sondern die Pflichtverletzung gegenüber der Gemeinschaft[23]. Als *ein* Aspekt wird dabei auf die 1935 erfolgte Aufhebung des Analogieverbots (Grundsatz *nulla poena sine lege*) und die Bestrafung nach dem „Grundgedanken eines Strafgesetzes und nach gesundem Volksempfinden" (§ 2 RStGB) verwiesen sowie auf die Missachtung des Rückwirkungsverbots seit 1933 („Lex van der Lubbe")[24]. Die Pflicht(-verletzung) betrifft vor allem (idealerweise generative) Heterosexualität und eindeutige, konforme und kohärente Geschlechtlichkeit. Ähnliches gilt für „gesellschaftlich" verankerte „Normalitätserwartungen in der konkreten strafjustiziellen Anwendungspraxis"[25].
4. Orientierten sich die nach Denunziationen erfolgten staatlichen Reaktionen an einem politischen, materiellen *oder* formellen Strafrecht oder realisieren sie eine andere Praxis, etwa polizeiliches Verwaltungshandeln, zur Wiederherstellung eines ordnungsgemäßen Zustands?

5. Interdependente Verfolgung des Nicht-Erlaubten

Quer zu diesen Überlegungen sollten die zu untersuchenden Formen der Sanktionierung als relational, intersektional sowie interdependent betrachtet werden: So ist auf Unterschiede in der Anwendung (Maßstab, Spielraum, Strafmaß) für die Betroffenen entlang vor allem der Kategorien *class, (cross)gender, disability, ethnicity, nation, race, religion* sowie auf Anzeichen linkspolitischer, gewerkschaftlicher Betätigung zu achten. Zusätzlich und wiederum quer zur Mehrfachverfolgung sind unter anderem folgende Grup-

---

[21] Christiane Leidinger/Brigitte Bargetz/Ingeborg Boxhammer, Politisches Strafrecht? Instrumentalisierung von Delikten, unveröfftl. Manuskript, Berlin u. a. 2012.
[22] Thomas Vormbaum, Einführung in die moderne Strafrechtsgeschichte, Berlin 2009, S. 186f.; Werle, Justiz-Strafrecht, S. 16–30.
[23] Vgl. Vormbaum, Einführung, S. 185ff.
[24] Vgl. Werle, Justiz-Strafrecht, S. 16f., S. 73, S. 151–155, S. 167.
[25] Löffelsender, Strafjustiz, S. 5f.

penzugehörigkeiten auf mögliche Unterschiede zu untersuchen: einerseits denunzierte Ehefrauen, Schwangere, Mütter, Vorbestrafte, wiederholt Straffällige, Prostituierte und Zwangsarbeiterinnen und Zwangsarbeiter sowie andererseits NS-Täter und NS-Täterinnen (etwa KZ-Aufseherinnen).

Die hier aufgezeigte queer-feministische Forschungsperspektive auf Denunziation im NS-Regime an der Schnittstelle von Öffentlichkeit und Privatheit, die insbesondere staatliches Handeln und dessen Rechtsrahmen fokussiert, ermöglicht es, die Verfolgung lesbischen und/oder nicht (kohärent) geschlechtskonformen Verhaltens respektive Aussehens zu untersuchen. Trotz gravierender Unterschiede in der Verfolgung weiblicher und männlicher Homosexualität, wird der vorgeschlagene Ansatz voraussichtlich dazu beitragen können zu zeigen, dass Lesben und/oder Trans* weder als unwichtig galten noch ignoriert wurden, wie bisweilen behauptet wird, sondern Gegenstand öffentlichen und auch biopolitischen Interesses waren beziehungsweise werden konnten; entsprechende Quellen, die in der Forschungsliteratur genannt werden, weisen bereits darauf hin. Damit lässt sich zudem das Wissen darüber erweitern, ob und wie der NS-Staat das, was formal nicht strafbar war, als unerlaubt mittels verschiedener Sanktionsformen gleichwohl verfolgte – sei es als ordnungswidrig, als strafrechtlich relevant oder in anderer, noch zu klärender Hinsicht.

Rainer Herrn

„In der heutigen Staatsführung kann es nicht angehen, daß sich Männer in Frauenkleidung frei auf der Straße bewegen."

Über den Forschungsstand zum Transvestitismus in der NS-Zeit

1. Prolog

Im Unterschied zu homosexuellen Frauen und Männern liegen zum Schicksal von Transvestitinnen und Transvestiten, aber auch zu Intersexuellen in der NS-Zeit bisher keine systematischen Untersuchungen vor[1]. Dieser Beitrag beschränkt sich auf die Lage von Transvestiten. Deren Untersuchung erweist sich als schwierig, weil die sie kennzeichnende Eigenschaft, das Tragen der Kleidung des anderen Geschlechts, in der NS-Zeit nicht per se strafbar war, wie auch das Leben in der Rolle des anderen Geschlechts juristisch nicht sanktioniert wurde. Solche Personen belangte man, wie bereits in der Weimarer Republik, nur dann juristisch, wenn sie im andersgeschlechtlichen Habit auffielen, also in der Öffentlichkeit „Aufsehen erregten" und damit die vermeintliche öffentliche Ordnung „störten". Strafrechtlich relevant waren dafür § 360 („grober Unfug") und § 183 („Erregung öffentlichen Ärgernisses") RStGB. Deshalb wurde bereits in der Kaiserzeit (1909) eine zwischen Sexualwissenschaftlern und dem Berliner Polizeipräsidenten ausgehandelte Praxis etabliert, wonach Transvestitinnen und Transvestiten aufgrund eines ärztlichen Gutachtens eine polizeiliche Bescheinigung (der sogenannte Transvestitenschein) ausgestellt werden durfte, die sie bei Polizeikontrollen vor Festnahmen schützen sollte. In einer weiteren Regelung

---

[1] Einige vorläufige Angaben über Transvestiten in der NS-Zeit finden sich bei Rainer Herrn, Schnittmuster des Geschlechts. Transvestitismus und Transsexualität in der frühen Sexualwissenschaft, Gießen 2005, S. 157–165; Über exemplarische Schicksale homosexueller Transvestiten in der NS-Zeit berichten Bernhard Rosenkranz/Ulf Bollmann/Gottfried Lorenz, Homosexuellenverfolgung in Hamburg 1919–1969, Hamburg 2009, S. 63–69; für ausführlichere Überlegungen vgl. Rainer Herrn, Transvestitismus in der NS-Zeit – ein Forschungsdesiderat, in: Zeitschrift für Sexualforschung 26 (2013), S. 330–371. Das Forschungsdefizit betrifft in noch stärkerem Maße intersexuelle, im damaligen medizinischen Fachjargon auch als Pseudohermaphroditen bezeichnete Personen, zu deren Lage in der NS-Zeit bisher kaum Veröffentlichungen vorliegen; vgl. den Beitrag von Ulrike Klöppel in diesem Band.

(1921) des preußischen Justizministers, die ebenfalls ein medizinisches Gutachten voraussetzte, kam man dem Wunsch nach Vornamensänderung entsprechender Personen nach. Mit Einführung dieser Bestimmungen etablierte sich zugleich ein doppeltes Abhängigkeitsverhältnis der Transvestiten – einerseits von ihrer Beglaubigung durch Mediziner, andererseits von staatlichen Ordnungsinstanzen wie Justiz und Polizei. Die Bewilligung von Transvestitenscheinen und Vornamensänderungen waren in der Weimarer Zeit keine Seltenheit.

Personen mit dem Wunsch nach sogenannter operativer Geschlechtsumwandlung stellten in der zeitgenössischen Begrifflichkeit die höchste Steigerungsform der „extremen" oder „totalen" Transvestiten dar und bildeten noch keine eigenständige Kategorie. Erste genitalchirurgische Eingriffe sind ab 1912 belegt, bis Anfang der 1930er Jahre können etwa ein Dutzend publizierte operative Geschlechtsumwandlungen von Frau zu Mann wie auch von Mann zu Frau nachgewiesen werden[2].

2. Ergebnisse einer ersten Materialsichtung

Anhand von Strafverfolgungsakten aus den Landesarchiven Berlin und Hamburg sowie von medizinischen und kriminalistischen Veröffentlichungen aus der NS-Zeit konnte eine Reihe entsprechender Fälle (insgesamt etwa 80; davon 75 Männer, von denen drei eine operative Geschlechtsumwandlung anstrebten, und fünf Frauen) exemplarisch untersucht werden[3]. Dabei geht es zunächst darum, die Spannbreite polizeilicher und juristischer Umgangsweisen – von der stillschweigenden Duldung bis zu harten Sanktionen für homo- und heterosexuelle, männliche und weibliche Transvestiten – getrennt aufzuzeigen, um daraus Fragen für die weitere Forschung zu entwickeln, denen in zukünftigen Untersuchungen nachgegangen werden könnte. Die widersprüchlichen und aufgrund der geringen Anzahl vorläufigen Ergebnisse werden nachstehend kurz zusammengefasst.

Reichsweite Erlasse, Gesetze oder Richtlinien des NS-Regimes zur Neuregelung des Umgangs mit Transvestiten beiderlei Geschlechts sind bislang nicht bekannt. Dies legt nahe, dass Transvestitismus, im Unterschied zur Homosexualität, keinen unmittelbaren Brennpunkt der NS-Sexual- und

---

[2] Vgl. Rainer Herrn, Geschlecht als Option: Selbstversuche und medizinische Experimente zur Geschlechtsumwandlung im frühen 20. Jahrhundert, in: Silke Schicketanz/Nico Pethes (Hrsg.), Sexualität als Experiment? Körpertechniken zwischen Wissenschaft, Bioethik und Science Fiction, Frankfurt a.M. 2008, S. 45–70.
[3] Vgl. Herrn, Transvestismus in der NS-Zeit.

Geschlechterpolitik bildete. Dem entspricht auch die sehr geringe Zahl medizinischer und kriminalistischer Publikationen zum Transvestitismus – auffallend gering im Vergleich zu solchen über Homosexualität. Nach 1940 konnte keine einzige Fach-Veröffentlichung nachgewiesen werden. Alle zuvor erschienenen Abhandlungen betreffen übrigens männliche Transvestiten.

Bereits in der Weimarer Zeit legten lokale Polizeibehörden in Mittel- und Großstädten namentliche Transvestitenstatistiken an[4]. Auf dieses Vorwissen wurde in der NS-Zeit zurückgegriffen. Inwiefern man dies unmittelbar und systematisch zur Verfolgung einsetzte, ist zu prüfen.

In sexualpathologischer Tradition des 19. Jahrhunderts (konträre Sexualempfindung) standen männliche und weibliche Transvestiten unter generellem Homosexualitätsverdacht. Medizinisch galt das Tragen der Kleidung des anderen Geschlechts als Symptom, kriminalistisch als Indiz für Homosexualität. Das belegen alle Fachveröffentlichungen und Strafverfolgungsakten.

Diese auch in der allgemeinen Öffentlichkeit verbreitete Zuschreibung der Homosexualität dürfte dazu beigetragen haben, dass es Transvestiten nach 1933 weitgehend vermieden, ihre Neigung in der Öffentlichkeit auszuleben. Sie versuchten offenbar, sich vor Denunziationen, polizeilichen Festnahmen, gerichtlichen Anklagen und Verurteilungen zu schützen.

Männliche Transvestiten, denen in Strafverfahren homosexuelle Handlungen nachgewiesen werden konnten, wurden nach der Homosexuellengesetzgebung verfolgt. Die Täterklassifikation versah man mit dem Zusatz „Transvestit". Inwiefern und in welchem Umfang sich der Transvestitismus zusätzlich auf das Strafmaß auswirkte, ist gesondert zu untersuchen.

Transvestitismus verheirateter Männer, bei dem sich keine Anhaltspunkte für homosexuelle Handlungen ergaben, scheint weniger hart sanktioniert worden zu sein. Dies legen Fallbeschreibungen in zwei psychiatrischen Studien und einem umfangreichen Aktenkonvolut aus dem Landesarchiv Berlin nahe[5]. Allerdings lebten die meisten dieser Protagonisten ihre Neigung nur im häuslichen Umfeld und nicht in der Öffentlichkeit aus. Analoge Berichte über verheiratete Transvestitinnen liegen nicht vor.

Bei der Bezeichnung Transvestit handelte es sich um eine im medizinischen und polizeilich-juristischen Fachjargon etablierte Fremdbezeichnung;

---

[4] Vgl. Hermann Ferdinand Voss, Ein Beitrag zum Problem des Transvestitismus, Diss., Marburg 1938.
[5] Vgl. Hans Bürger-Prinz/Weigel Herbert, Über den Transvestitismus bei Männern, in: Monatsschrift für Kriminalbiologie und Strafrechtsreform 31 (1940), S. 125–143; Hans Bürger-Prinz/Heinrich Albrecht/Hans Giese, Zur Phänomenologie des Transvestitismus bei Männern, Stuttgart 1953.

nur selten wurde sie zur Selbstdefinition verwendet. Jedoch beschrieben jene Frauen und Männer, die einen Transvestitenschein bewilligt bekommen wollten, ihr Verlangen nach der Kleidung des anderen Geschlechts – entsprechend dem Konzept des (nicht erst seit 1933 von NS-Ideologen verfemten) Sexualwissenschaftlers Magnus Hirschfeld[6] – meist als unwiderstehlichen, bereits in die Kindheit zurückreichenden Drang.

Die Transvestitenscheinregelung gestaltete sich in der NS-Zeit sehr uneinheitlich. Einigen Transvestitinnen und Transvestiten wurden diese Bewilligungen entzogen. Anderen, die bereits in der Weimarer Zeit solche Bescheinigungen ausgestellt bekamen, wurden sie nach einem restriktiven Verfahren verlängert, wieder anderen sogar neue ausgestellt. Auch Genehmigungen von Vornamensänderungen liegen vor. Die zeitlich begrenzt erteilten Bewilligungen beschränken sich auf die Jahre zwischen 1933 und 1938. Die strenge Überwachung der Einhaltung solcher Zugeständnisse oblag der Polizei.

Strafverfolgungen allein aufgrund der „Erregung öffentlichen Ärgernisses" oder „groben Unfugs" lassen sich in wenigen Fällen für Transvestiten beider Geschlechter belegen. Vereinzelt – hier gibt es weiteren Forschungsbedarf – führten sie trotz des Vorliegens eines Transvestitenscheins zu Gefängnisstrafen oder KZ-Haft.

In medizinischen Veröffentlichungen konnten insgesamt drei angestrebte und in zwei Fällen auch realisierte *operative Geschlechtsumwandlungen* von Mann zur Frau mit nachfolgender Erteilung des Transvestitenscheins und der Vornamensänderung nachgewiesen werden, die während der NS-Herrschaft erfolgt waren. Entsprechende genitalchirurgische Umwandlungen von Frau zu Mann sind nicht bekannt.

3. Forschungsausblick

Die sich abzeichnenden Zusammenhänge bedürfen weiterer Forschungen, einige Themenfelder sollen hier benannt werden.
1. Obwohl nicht alle Transvestiten homosexuell waren, standen sie generell unter Homosexualitätsverdacht. Insofern lässt sich die Erforschung des individuellen und kollektiven Umgangs mit transvestitischen Frauen

---

[6] Vgl. Magnus Hirschfeld, Die Transvestiten. Eine Untersuchung über den erotischen Verkleidungstrieb, Berlin 1910; zur Feindbildkonstruktion: Rainer Herrn, Magnus Hirschfeld, sein Institut für Sexualwissenschaft und die Bücherverbrennung, in: Julius Schoeps/Werner Treß (Hrsg.), Verfemt und Verboten. Vorgeschichte und Folgen der Bücherverbrennungen 1933, Hildesheim 2010, S. 97–152.

und Männer in der NS-Zeit schwer von jener des Umgangs mit Homosexuellen trennen. Zunächst wären auf einer analytischen Ebene die Differenzen herauszuarbeiten. Darauf sollten dann eigenständige Untersuchungen im Sinne der Intersektionalität (Überkreuzung, Verschränkung und Verstärkung stigmatisierender Umgangsweisen durch die gleichzeitige Zugehörigkeit einiger Transvestiten zu verschiedenen sozialen Minderheiten) aufbauen.

2. Alle bisher verfügbaren Mitteilungen über die Lage der Transvestiten machen deutlich, dass die NS-Zeit auch für sie eine Zäsur darstellte. Wie im Falle der Homosexuellen wurden ihre subkulturellen Einrichtungen, Netzwerke und Publikationsorgane weitgehend zerschlagen. Die Mehrzahl versuchte seither, ihre Passion nicht in der Öffentlichkeit auszuleben, da Festnahmen und Strafverfahren drohten. Somit ist zunächst auf einer allgemeinen Ebene nach Beschränkungen und Anpassungszwängen im Alltag von Transvestiten in der NS-Zeit zu fragen.

3. Der Umgang mit weiblichen Transvestiten konnte lediglich anhand weniger Akten untersucht werden. Auch die Dominanz des männlichen Transvestitismus in den Fach-Veröffentlichungen lässt vermuten, dass sich darin die Gewichtung der NS-Verfolgungspolitik und -praxis auf homosexuelle Männer widerspiegelt, was systematisch zu prüfen wäre.

4. Da Transvestiten in Einzelfällen allein wegen „Erregung öffentlichen Ärgernisses" oder „groben Unfugs" mit KZ-Haft respektive Gefängnis bestraft wurden, stellt sich die Frage nach der Häufigkeit solcher Prozesse sowie die nach der veränderten Strafzumessung im Vergleich zur Weimarer Zeit.

5. Auffällig ist im Vergleich zur Weimarer Zeit die stärkere polizeiliche Überwachung der Verweigerung respektive Bewilligung von Transvestitenscheinen in der NS-Zeit, wofür sich ein systematischer Vergleich beider Zeitabschnitte anbietet.

6. Die ausgewerteten Fälle betreffen die Großstädte Berlin und Hamburg, die schon vor 1933 als Zentren sexueller Subkulturen galten. Inwiefern sich lokale Unterschiede im Umgang mit Transvestiten belegen lassen, wofür das Beispiel Hamburg Hinweise gibt, sollte anhand weiterer Großstädte recherchiert werden.

7. Bei den Antragsverfahren von Transvestitenscheinen und Vornamensänderungen, bei Anträgen auf operative Geschlechtsumwandlungen sowie in Strafprozessen spielten ärztliche Gutachten, insbesondere solche von forensischen Psychiatern, eine zentrale Rolle. Durch dieses im Vergleich zu Homosexuellen größere Abhängigkeitsverhältnis der Transvestiten

von ärztlicher Expertise empfiehlt sich eine grundlegende Untersuchung der Strukturen und Ebenen des Einflusses der Medizin auf den Umgang mit Transvestiten in der NS-Zeit.
8. Bewilligungen von Transvestitenscheinen konnten bislang nur für die Zeit bis 1938 nachgewiesen werden. Daher ist zu fragen, ob solche Bescheinigungen auch später ausgestellt wurden oder der Zeitpunkt einen Wandel im Umgang mit dieser Personengruppe markiert.
9. Zum Verständnis der Bewertung des Transvestitismus ist eine Einordnung in die Kontexte der NS-Geschlechter- und Reproduktionspolitik sowie der NS-Rassehygiene notwendig.
10. Aufgrund der schwierigen Quellenlage gibt es außerhalb von Gerichtsakten und Fachpublikationen kaum Informationen über die Lebenswirklichkeit von Transvestiten. Autobiographische Zeugnisse liegen derzeit nicht vor. Hier müssten biographische Forschungen einsetzen, die die Breite ihres individuellen Erlebens dieses Zeitabschnitts in den Blick nehmen.

4. Auszuwertende Quellen

Als für künftige Forschungen vorrangig auszuwertende Quellen erscheinen: Verfolgungsakten homosexueller Frauen und Männer, insbesondere mit dem Zusatz „Transvestit" beispielsweise der entsprechenden Bestände in den Landesarchiven Berlin, Hamburg und anderen Städten; lokale Polizeiakten zur „Erregung öffentlichen Ärgernisses" oder „groben Unfugs" sowie entsprechende Dienstanweisungen; Gesundheitsämter, zur Genehmigung operativer Geschlechtsumwandlungen; Krankenakten psychiatrischer Kliniken und Landesirrenanstalten, so zum Beispiel die der Psychiatrischen und Nervenklinik der Charité; Gutachten der forensischen Psychiatrie; Ego-Zeugnisse: Nachlässe, Autobiographien, Interviews; medizinische und kriminalistische Veröffentlichungen aus der NS- und Nachkriegszeit.

Ulrike Klöppel
Intersex im Nationalsozialismus
Ein Überblick über den Forschungsbedarf

1. Kontinuität nationalsozialistischer Verbrechen?

Aus Sicht eines Großteils der Ärzteschaft ist Intersexualität eine – gemessen an der unhinterfragten Norm des männlichen und weiblichen Körpers – sogenannte angeborene Geschlechtsdifferenzierungsstörung, die im frühen Kindesalter mittels Genitaloperationen und Hormonbehandlungen „korrigiert" werden müsse. Organisationen intergeschlechtlicher Menschen wehren sich gegen diese Praxis medizinischer Pathologisierung, Normierung und Bevormundung. Sie protestieren gegen kosmetische Eingriffe, die im Kindesalter (zum Teil auch später) ohne informierte Einwilligung der Betroffenen durchgeführt werden. Nicht wenige intergeschlechtliche Menschen haben traumatische Erfahrungen mit solchen Eingriffen gemacht, die sie als Verstümmelung und Verstoß gegen die Menschenrechte begreifen. Um das schwere Unrecht der erlittenen Verletzungen zu verdeutlichen, bemühen manche einen Vergleich mit nationalsozialistischen Verbrechen und behaupten, dass Genitalkorrekturen im Kindesalter im Nationalsozialismus perfektioniert und seither systematisch durchgeführt worden seien[1]. Ein pauschaler Vergleich relativiert allerdings die industriell-bürokratische Vernichtung der jüdischen Bevölkerung, die Massenmorde an Sinti und Roma sowie an Behinderten. Zu fragen ist auch, ob es für Aussagen wie jene, dass vor 1945 geborene intergeschlechtliche Menschen „im wesentlichen Opfer der Rassenhygiene des Nationalsozialismus" geworden seien[2], historisch verifizierbare Belege gibt. Tatsächlich fehlt es bislang an einer ernsthaften historischen Forschung, die diese Annahmen prüft; untersucht wurden bislang lediglich medizinische Fachpublikationen. Ziel dieses Beitrags ist es,

---

[1] Vgl. Intersex-Genitalverstümmelungen in Kinderkliniken: 150 Jahre Menschenversuche ohne Ethik und Gewissen (http://zwischengeschlecht.org/post/Menschenversuche-ohne-Ethik).

[2] Intersexuelle Menschen e.V./XY-Frauen, Parallelbericht zum 6. Staatenbericht der Bundesrepublik Deutschland zum Übereinkommen der Vereinten Nationen zur Beseitigung jeder Form der Diskriminierung der Frau (CEDAW), hier S. 9 (www.institut-fuer-menschenrechte.de/fileadmin/user_upload/PDF-Dateien/Pakte_Konventionen/CEDAW/cedaw_state_report_germany_6_2007_ parallel_2_de.pdf).

den spärlichen Forschungsstand zusammenzufassen und den enormen Forschungsbedarf aufzuzeigen[3].

2. Intersex im Fokus rassenhygienisch-eugenischer Diskussionen

Geschlechtliche Normierung und Pathologisierung, medizinische Bevormundung, gesellschaftliche Ausgrenzung und Diskriminierung intergeschlechtlicher Menschen sind nicht NS-spezifisch, sondern historisch tief verwurzelt. Gleiches gilt hinsichtlich der eugenischen Problematisierung geschlechtlicher Uneindeutigkeit, die im 19. Jahrhundert einsetzte und sich zu Beginn des 20. Jahrhunderts im Zuge der Etablierung der sogenannten Rassenhygiene verstärkte: Ärzte identifizierten sie als biologische Gefahr für den gesunden „Volkskörper". Diese Darstellung intensivierte sich mit Beginn der nationalsozialistischen Herrschaft. Viele NS-Mediziner stützten sich auf die genetische Intersexualitätslehre des jüdischen Biologen Richard Goldschmidt, der ab 1915 eine Theorie der genetischen Festlegung des Geschlechts ausarbeitete. Danach sollten auch die geschlechtlichen Zwischenformen von der quantitativen Balance genetischer Männlichkeits- und Weiblichkeitsbestimmer abhängen. Als Beleg dienten ihm Kreuzungsexperimente mit lokalen Populationen einer Mottenart, die er als Rassen bezeichnete. Humanmediziner griffen dies auf, um ihre Behauptung zu untermauern, dass sogenannte Rassenmischungen auch für das Vorkommen von Intersexualität beim Menschen verantwortlich seien[4]. Sie verwendeten die Intersexualitätslehre als Erklärungsschema für alle von Geschlechter- und Sexualitätsnormen abweichenden Erscheinungen – von Homosexuellen und stark körperbehaarten Frauen bis hin zu sogenannten echten Hermaphroditen. Die Eugeniker konzentrierten sich vor allem auf die augenscheinlich nur geringfügig abweichenden Menschen, weil deren Zahl als beunruhigend groß angesehen wurde. Speziell für diese Gruppe setzte sich der 1924 eingeführte Ausdruck intersexuelle Konstitution (beziehungsweise Intersexualität) durch[5]. Menschen

---

[3] In Ermangelung anderer Studien greife ich auf meine Dissertation (Ulrike Klöppel, XX0XY ungelöst: Hermaphroditismus, Sex und Gender in der deutschen Medizin. Eine historische Studie zur Intersexualität, Bielefeld 2010, Kap. II.2.5) sowie ergänzende Recherchen zurück. Quellenhinweise lieferte mir auch eine Hausarbeit von Christian John, die 2012 am Institut für Geschichte der Medizin der Charité unter der Betreuung von Rainer Herrn entstanden ist.
[4] Vgl. Arthur Jores, Klinische Endokrinologie. Ein Lehrbuch für Ärzte und Studierende, Berlin 1939, S. 293.
[5] Vgl. Paul Mathes, Die Konstitutionstypen des Weibes, insbesondere der intersexuelle

mit augenfälliger Uneindeutigkeit der Genitalien wurden hingegen meist als „Hermaphroditen" bezeichnet.

Manche Mediziner betrachteten die intersexuelle Konstitution als Ursache von politischem Instinktverlust, der sich in „Marxismus und Bolschewismus" oder der „Frauenemanzipation" äußere; auch trete Intersexualität bei „jüdischen Männern und Frauen" gehäuft auf[6]. Verschiedene Ärzte äußerten sich besorgt, dass Menschen mit intersexueller Konstitution gute Heiratschancen hätten, ihre Ehen jedoch kinderlos bleiben oder gar zu „minderwertigem" Nachwuchs führen würden. Im Interesse einer starken und gesunden Bevölkerung müssten Intersexuelle daher von der Ehe abgehalten werden[7]. Pseudo- und echte „Hermaphroditen" galten hingegen den meisten Medizinern als fortpflanzungsunfähig. Dennoch mahnte ein einschlägiges Handwörterbuch an:

„Namentlich bei Verdacht auf noch vorhandene Zeugungsmöglichkeit sollten Eheschließungen unbedingt verboten werden, da auch diese Mißbildungen vererbt werden können. […] Es ist ernsthaft zu erwägen, ob nicht […] grundsätzlich bei Anwesenheit von Fehlbildungen an den äußeren Geschlechtsteilen Sterilisierung der betreffenden Individuen durchzuführen wäre."[8]

Auch in der Deutschen Zeitschrift für die gesamte Gerichtliche Medizin war zu lesen:

„Nach unserer deutschen Auffassung handelt es sich wahrscheinlich um schwere erbliche körperliche Mißbildung. Eine Eheschließung würde höchstens mit einer erbkranken oder unfruchtbaren Person in Betracht kommen."[9]

Dass letztere Option tatsächlich umgesetzt wurde, bestätigt die Fallgeschichte einer Person, der aufgrund der Diagnose „männliches Scheinzwittertum" die gewünschte Änderung des amtlichen Geschlechtseintrags in männlich gestattet und anschließend die Ehe mit einer unfruchtbaren Frau erlaubt

---

Typus, in: Josef Halban/Ludwig Seitz (Hrsg.), Biologie und Pathologie des Weibes. Ein Handbuch der Frauenheilkunde und Geburtshilfe, Berlin/Wien 1924, S. 1–112.

[6] Robert Stigler, Die rassenphysiologische Bedeutung der sexuellen Applanation, in: Zeitschrift für Rassenphysiologie 7 (1934), S. 67–88, hier S. 81 f. und S. 86.

[7] Vgl. Ludwig Seitz, Geschlechtliche Konstitution und geschlechtliches Hormonsystem, in: Deutsche Medizinische Wochenschrift 68 (1942), S. 741–745, hier S. 744.

[8] Anton Priesel, Zweifelhafte Geschlechtszugehörigkeit, in: Ferdinand von Neureiter/Friedrich Pietrusky/Eduard Schütt (Hrsg.), Handwörterbuch der gerichtlichen Medizin und naturwissenschaftlichen Kriminalistik, Berlin 1940, S. 961–969, hier S. 969.

[9] Otto Rogal, Referat: Albin Schmidt, Die operative Behandlung des Hermaphroditismus, Zeitschrift für Urologie 35 (1941), S. 152–169, in: Deutsche Zeitschrift für die gesamte Gerichtliche Medizin 35 (1942), S. 501 f., hier S. 502.

wurde[10]. Doch abgesehen von solchen speziellen Fällen verweigerte das Gesundheitsamt bei schwerer Erbkrankheit ein Ehetauglichkeitszeugnis und beantragte die Zwangssterilisierung. Allerdings gab es hinsichtlich der Vererbbarkeit der verschiedenen Phänomene, die unter dem Begriff Hermaphroditismus zusammengefasst wurden, keine einheitliche medizinische Auffassung. 1936 konstatierte Otmar Freiherr von Verschuer, ein führender Rassenhygieniker des NS-Regimes, in der Zeitschrift Der Erbarzt, dass Erbbedingtheit zwar in einigen Fällen wahrscheinlich, aber nicht gesichert sei. Er sprach sich gegen eine generelle Zwangssterilisierung von „Hermaphroditen" aus und verwies auf die Notwendigkeit von Einzelfallprüfungen. In einem zur Beratung vorgelegten Fall eines Vaters zweier Kinder mit Pseudohermaphroditismus masculinus, der auch drei „klinisch völlig gesunde" Kinder gezeugt hatte, lehnte Verschuer eine Sterilisierung ab, da der Mann „nicht erbkrank im Sinne des Gesetzes" sei[11]. Letztlich bedingte aber die fallweise Erbgesundheits-Beurteilung eine massive Abhängigkeit von den Gutachtern und stellte für intergeschlechtliche Menschen eine reale Bedrohung dar, Opfer eugenischer Zwangsmaßnahmen zu werden.

3. Medizinische Standardbehandlung bei Intersexualität

Wurden im NS-Staat an intergeschlechtlichen Kindern systematisch Genitalkorrekturen durchgeführt? Die medizinischen Fachveröffentlichungen bieten dafür keine Anhaltspunkte. Ein 1934 in der Zeitschrift für Geburtshilfe und Gynäkologie vom Frauenarzt Hans Christian Naujoks publizierter Artikel fasste die Diskussion der Ärzteschaft in der Weimarer Zeit zusammen und schloss sich der Empfehlung an,

„zunächst alle Operationen in solchen Fällen abzulehnen und zu warten, wie die weitere Entwicklung des Kindes werden wird [...]. Für unser therapeutisches Handeln ist in allererster Linie die Psyche, die Geschlechtseinstellung, der Wunsch des Individuums maßgebend."[12]

---

[10] August Mayer, Sexualpsychologische Bedenken gegen die operative Korrektur von genitalen Bildungsstörungen, in: Zentralblatt für Gynäkologie 78 (1956), S. 1889–1892, hier S. 1892.
[11] Otmar Freiherr von Verschuer, Pseudohermaphroditismus, in: Der Erbarzt. Beilage zum Deutschen Ärzteblatt 3 (1936), S. 192.
[12] Hans Naujoks, Über echte Zwitterbildung beim Menschen und ihre therapeutische Beeinflussung, in: Zeitschrift für Geburtshilfe und Gynäkologie 109 (1934), S. 135–161, hier S. 148.

Da sich das Geschlechtsempfinden erst mit der Pubertät kläre, solle eine amtliche Geschlechtsumschreibung nicht vor diesem Alter vorgenommen werden. Während sich zu Kindern in der restlichen Fachliteratur keine spezifischen Behandlungsempfehlungen finden, bestand bezüglich erwachsener Personen weitgehend Einigkeit, dass deren psychisches Geschlecht entscheidend sei[13]. Im Handwörterbuch der gerichtlichen Medizin und naturwissenschaftlichen Kriminalistik hieß es: „In *nicht forensischen* Fällen empfiehlt es sich, erwachsene Zwitter in jenem Geschlechte zu belassen, welches sie selbst als das für sich geeignetere empfinden"[14]. Dass auf Wunsch von Betroffenen durchzuführende kosmetische Genitaloperationen eine „Hilfe für das Individuum" seien, vertraten selbst überzeugte Anhänger der NS-Bevölkerungspolitik wie Naujoks. Im „Volksinteresse" lehnten sie allerdings chirurgische oder hormonelle „Maßnahme[n] zur Förderung der Fertilität" von sogenannten Hermaphroditen ab, da in „die Vollwertigkeit dieser Nachkommenschaft […] doch einige Zweifel gesetzt werden" müssten[15].

Fraglich ist, inwiefern solche Empfehlungen praktisch umgesetzt wurden. Naujoks berichtete über zwei „Hermaphroditen", bei denen er sich hinsichtlich Genitaloperationen beziehungsweise Veranlassung einer Geschlechtsumschreibung jeweils nach deren Vorstellungen gerichtet habe[16]. Bei zwei Patienten, an deren männlichem Geschlecht kein Zweifel schien, wurden anlässlich der operativen Behandlung eines Leistenbruchs ein Uterus und Leistenhoden entdeckt; die Ärzte verschwiegen ihre Diagnose des Hermaphroditismus ihren Patienten, um diese in ihrem Selbstverständnis als Männer nicht zu irritieren. Im einen der beiden Fälle wurden Uterus und Leistenhoden belassen, im anderen entfernt[17]. Die publizierten Fallberichte lassen den Schluss nicht zu, dass Ärzte Erwachsene generell zwangsbehandelt hätten.

---

[13] Vgl. Berthold Mueller/Kurt Walcher, Gerichtliche und soziale Medizin, München, Berlin 1944, S. 280f.; Hellmut Marx, Innere Sekretion, in: Gustav von Bergmann/Rudolf Staehelin (Hrsg.), Handbuch der Inneren Medizin, Berlin 1941, S. 1–476, hier S. 306.
[14] Priesel, Zweifelhafte Geschlechtszugehörigkeit, S. 969.
[15] Naujoks, Zwitterbildung beim Menschen, S. 160.
[16] Vgl. Hans Naujoks, Über sexuelle Zwischenstufen. Vortrag auf der Sitzung der Wissenschaftlich-medizinischen Gesellschaft an der Universität Köln am 8.11.1935, in: Klinische Wochenschrift 15 (1936), S. 182.
[17] Vgl. Walter Hartmann, Über inneren männlichen Hermaphroditismus, in: Deutsche Zeitschrift für Chirurgie 256 (1942), S. 531–545, hier S. 539; Josef Geissler, Zur Kenntnis des Pseudohermaphroditismus masculinus internus, in: Beiträge zur pathologischen Anatomie und zur allgemeinen Pathologie 100 (1937), S. 305–328.

Bezüglich intergeschlechtlicher Kinder ist die Situation uneinheitlicher: In zwei Fällen, in denen Gonaden gefunden wurden, die dem bei Geburt eingetragenen Geschlecht widersprachen, unterließen die Ärzte Genitalkorrekturen und eine forcierte Geschlechtsumstellung[18]. Im Falle einer Dreizehnjährigen, deren Psyche angeblich eindeutig weiblich war, ordnete der bekannte Berliner Gynäkologe Walther Stoeckel die Abtragung der „vergrößerten Klitoris" an. Es ist nicht auszuschließen, dass er über den Kopf der Jugendlichen hinweg entschied[19]. Eine Publikation von 1948 gibt retrospektiv Einblick in zwei weitere Schicksale aus der NS-Zeit: Bei einem bis dahin als Mädchen erzogenen Kind wurde im Alter von sechs Jahren das Geschlecht umgestellt und anschließend mehrfach die sogenannte Hypospadie operiert – das heißt, dass die an der Wurzel des als Penis eingestuften Organs austretende Harnröhre an die Spitze verlegt wurde. Der andere Fall betraf ein zweijähriges, als Pseudohermaphroditismus femininus diagnostiziertes Kind, bei dem – auf Veranlassung der Mutter – die „vergrößerte Klitoris" abgetragen wurde. 1944 wurde zudem aus eugenischen Gründen der Uterus des Kindes entfernt[20]. Im NS-Staat erfolgten also durchaus vereinzelt genitalplastische Eingriffe an intergeschlechtlichen Kindern. Aus den bisher bekannten Quellen lässt sich allerdings nicht ableiten, dass dies systematisch geschah.

Wenn hingegen bei Kindern Hypospadie diagnostiziert wurde, wurde diese häufig „korrigiert", um, wie es bereits in den 1920er Jahren hieß, Belastungen in der psychischen Entwicklung vorzubeugen. Die meisten Ärzte waren sich aber einig, dass bei Hypospadie nur selten Hermaphroditismus vorliege, vielmehr das biologische Geschlecht der Betroffenen eindeutig männlich sei, weshalb auch die psychosexuelle Entwicklung natürlicherweise männlich verlaufe. Bei „Hermaphroditen" sei dagegen eine Voraussage der psychischen Geschlechtsentwicklung prinzipiell nicht möglich. Aus diesem Grunde hielten sich in der Weimarer Zeit die meisten Ärzte mit genitalplastischen Eingriffen bei intergeschlechtlichen Kindern zurück[21]. Diese

---

[18] Walter Matheja, Ein interessanter Fall von Hermaphroditismus, in: Kinderärztliche Praxis 7 (1936), S. 158f.; C. Böhner, Waltrudis oder „Walter"?, in: Zentralblatt für Chirurgie 65 (1938), S. 142 ff.
[19] Vgl. Walther Stoeckel, Hermaphroditismus femininus externus, in: Zentralblatt für Gynäkologie 64 (1940), S. 666f.
[20] Vgl. Adalbert Büttner/Gotthard Titze, Zur Anzeigenstellung operativer Eingriffe beim Hermaphroditismus, in: Archiv für klinische Chirurgie 261 (1948), S. 378–402, hier S. 383 ff. und S. 391 ff.
[21] Vgl. Ludwig Moszkowicz, Soll man die Hypospadie operieren?, in: Der Chirurg 6 (1934), S. 401f.

Position wurde in der medizinischen Literatur der NS-Zeit (mit Ausnahme von Naujoks) weder explizit bestätigt noch aufgegeben. Bezüglich der medizinischen Behandlungspraxis bei Intersexualität im Zeitraum 1933 bis 1945 stellen sich mithin mehr Fragen, als derzeit Antworten gegeben werden können.

4. Medizinische Publikationen und die Frage der Praxis

Ein grundsätzliches Problem der bisherigen Forschung ist, dass sie auf Analysen der medizinischen Literatur beschränkt ist. Medizinischen Publikationen allgemein muss hinsichtlich ihres Aussagewerts für die konkrete Praxis mit Skepsis begegnet werden, da mit Auslassungen, Verschweigen und Beschönigungen zu rechnen ist. Auf dieser Grundlage kann die Frage, ob Praktiken wie unfreiwillige (oder auf extremen äußeren Druck formal freiwillige) kosmetische Genitaloperationen, Zwangssterilisierungen, Eheverbote oder missbräuchliche Medizinversuche systematisch durchgeführt wurden, nicht beantwortet werden. Ein wichtiger Beitrag zur Klärung wäre eine Untersuchung der Karteien von Gesundheitsämtern, um herauszufinden, in welchem Ausmaß intergeschlechtliche Neugeborene oder Erwachsene durch Hebammen und Ärzte wegen des Verdachts auf schwere Erbkrankheit angezeigt wurden, zumal 1939 die Meldepflicht auf schwere Missbildungen ohne Vorliegen einer Erbkrankheit ausgeweitet wurde. Die Meldungen waren die Grundlage für die sogenannte Kindereuthanasie, der mehr als 5000 Kinder zum Opfer fielen.

Allgemein muss festgehalten werden, dass die Nationalsozialisten die gewaltsame und mörderische Umsetzung der rassenhygienischen Agenda im Laufe ihrer Herrschaft immer drastischer betrieben. Damit stieg auch das Risiko für intergeschlechtliche Menschen, Opfer von Willkürakten, Verfolgung, medizinischen Experimenten und Vernichtungsaktionen zu werden. Dies gilt umso mehr, da sie nicht nur unter Rückgriff auf eugenische, sondern auch auf strafrechtliche und ordnungspolitische Begründungen als Gefahr für den „Volkskörper" angesehen werden konnten. Es ist nicht auszuschließen, dass intergeschlechtliche Personen als Transvestiten wahrgenommen und wegen „groben Unfugs" oder „Erregung öffentlichen Ärgernisses" verhaftet wurden[22]. Andere mochten wegen gleichgeschlechtlicher Betätigung ins Visier der Strafverfolgungsbehörden geraten sein. Zudem ist davon auszugehen, dass sich intergeschlechtliche Menschen, entsprechend

---

[22] Vgl. dazu den Beitrag von Rainer Herrn in diesem Band.

ihres Anteils an der Bevölkerung (die Angaben schwanken zwischen 0,02 bis zwei Prozent), auch in Fürsorge-, Pflege- und psychiatrischen Anstalten oder in Häftlingslagern befanden. Für sie war die Gefahr besonders hoch, Opfer von zynischen Gewaltakten und Vernichtung zu werden. Das gilt potenziert für diejenigen, die in Konzentrationslager verschleppt wurden. Es gibt (allerdings unpräzise) Hinweise in der Forschungsliteratur, wonach Josef Mengele im Konzentrationslager Auschwitz auch „Hermaphroditen" selektiert habe, um an ihnen seine mörderischen Menschenversuche durchzuführen[23].

Studien, die solchen Hinweisen und begründeten Vermutungen gezielt nachgehen fehlen bislang. Hierfür müssten Klinik-, Anstalts-, Gerichts-, Behörden- und Lagerakten herangezogen werden. Aussagekräftige Dokumente ausfindig zu machen, ist angesichts der relativ geringen Zahl intergeschlechtlicher Menschen ein äußerst schwieriges Unterfangen. Das ist aber kein Grund, Forschungen zum Schicksal intergeschlechtlicher Menschen im NS-Staat zu vernachlässigen. Es besteht im Gegenteil dringender Aufklärungsbedarf, da intergeschlechtliche Menschen aufgrund der gesellschaftlichen und medizinischen Stigmatisierung besonders gefährdet waren, Opfer der NS-Gewaltherrschaft zu werden.

---

[23] Vgl. Robert Jay Lifton, The Nazi Doctors. Medical Killing and the Psychology of Genocide, New York 1986, S. 360.

Michael Buddrus
Lebenssituation, polizeiliche Repression und justizielle Verfolgung von Homosexuellen in Mecklenburg 1932 bis 1945
Überlegungen zu einem Forschungsprojekt

1. Verfolgungsgeschichte und Regionalgeschichte

Ungeachtet zahlreicher Studien sind die privaten Lebenssituationen und die staatlichen Verfolgungsmaßnahmen gegenüber Homosexuellen in der Zeit des Dritten Reiches bislang für keine größere politisch-administrative Einheit – etwa für ein ganzes Land – flächendeckend, hinreichend oder gar umfassend erforscht[1], so auch nicht für den in vielerlei Hinsicht typischen NS-Gau Mecklenburg. Lediglich die vor fast einem Jahrzehnt erschienene verdienstvolle Studie von Jan-Henrik Peters[2] nimmt diese Themenbereiche erstmals für ein größeres Gebiet zumindest ansatzweise in den Blick.

Dabei gibt es aus meiner Sicht vor allem zwei Probleme, die die Aussagekraft dieser Darstellung teilweise einschränken. Da ist zum einen die gemeinsame – und eben nicht vergleichende – Behandlung von Mecklenburg *und* Vorpommern, was ein Zugeständnis an die Jetztzeit, also an die gegenwärtigen administrativen Gegebenheiten darstellt, die im Untersuchungszeitraum aber ganz andere waren. So hatten die Verhältnisse und Bedingungen in dem alten, eigenständigen deutschen Land Mecklenburg[3] etwa hinsichtlich der Polizei-, der Gerichts- und der Strafvollzugsorganisation nur wenig mit den Zuständen in der vergleichsweise jungen preußischen Provinz Pommern gemein. Und Vorpommern stellt zudem lediglich ein politisches Konstrukt der Nachkriegszeit dar und hat als politisches Gebilde während der NS-Zeit nie existiert. Zum anderen – und dies ist die zweite Beanstandung – erfahren wir bei Peters nur etwas über wenige Einzelfälle, genaugenommen über 26 Gerichtsverfahren

---

[1] Gut untersucht hingegen sind die zentralen Repressionsmaßnahmen auf der Reichsebene und die Situation in einzelnen Städten.
[2] Vgl. Jan-Henrik Peters, Verfolgt und Vergessen. Homosexuelle in Mecklenburg und Vorpommern im Dritten Reich, Rostock 2004.
[3] Davon, dass bis Ende 1933 eigentlich zwei Länder mit dem Namen Mecklenburg (Mecklenburg-Schwerin und Mecklenburg-Strelitz) existierten, die erst per Reichsgesetz Anfang 1934 zu einem Land zusammengeschlossen wurden, kann in diesem Zusammenhang abgesehen werden.

beziehungsweise Beispiele inhaftierter Homosexueller; wobei einzuräumen ist, dass diese Einzelfallschilderungen gut ausgewählt und anschaulich präsentiert sind.

Ausgehend von meinen Forschungen zur Geschichte des Gaus Mecklenburg im Dritten Reich, bei denen ich mich derzeit mit den Sondergerichten Rostock und Schwerin beschäftige, erwuchs der Forschungsansatz, die justizielle Verfolgung von Homosexuellen erstmals für eine größere Region anhand eines bislang kaum beachteten Quellenbestands zu untersuchen.

2. Sondergerichts-, Gerichts- und Gefängnisakten als Quelle

Von den bislang ermittelten 1478 Sondergerichtsprozessen in Mecklenburg, in denen 2173 Personen angeklagt wurden, hatten nur 14 Verfahren Vorwürfe homosexuellen Verhaltens zum Gegenstand; das ist weniger als ein Prozent. Justizielle Verfolgung von Homosexuellen fand in Mecklenburg also kaum durch die Sondergerichte statt. Dennoch gab es vielfältige polizeiliche Repressionen und gerichtliche Verfolgungen von Homosexuellen.

Nicht nur wegen der Vernichtung eines Großteils der mecklenburgischen Justizakten der Amts- und Landgerichte sowie des Oberlandesgerichts stellen die überlieferten Häftlingsakten der zentralen mecklenburgischen Landesstrafanstalt Dreibergen-Bützow eine einmalige und sehr aussagekräftige Quelle dar, die auch Jan-Henrik Peters benutzt, aber nicht umfassend ausgewertet hat. In diesem Zuchthaus- und Gefängniskomplex saß zwischen Juni 1932, als die Nationalsozialisten in Mecklenburg-Schwerin die Macht übernommen hatten, und Mai 1945 der Großteil der im 1934 vereinigten Mecklenburg Verurteilten ein[4]; die anderen befanden sich in den 50 Amts- und den vier Landgerichtsgefängnissen. Wer also in Mecklenburg im Gefängnis war, verbüßte seine Strafe bis 1945 zumeist in Dreibergen-Bützow, weshalb den aus dieser Anstalt überlieferten Gefangenenakten eine hohe Repräsentativität zukommt.

Betrachtet man diese Häftlingsunterlagen – es sind etwa 10 900 überliefert –, finden sich darunter mindestens 484 Akten, die die Internierung von nicht weniger als 310 Personen dokumentieren, welche unter dem Vorwurf „Homosexualität" gemäß § 175 RStGB beziehungsweise wegen „widernatürlicher Unzucht" eingesperrt waren. Das heißt, dass mindestens 2,8 Prozent

---

[4] Zwei Vergleichswerte: Von den 1591 Personen, die sich im Durchschnitt des Jahres 1937 in den Haftanstalten Mecklenburgs befanden, waren 798 (50,2 Prozent) in der zentralen Landesstrafanstalt Dreibergen inhaftiert. 1943 saßen von den 1636 Gefängnisinsassen in Mecklenburg 1114 (68,1 Prozent) in Dreibergen ein.

aller im Dritten Reich in Mecklenburg inhaftierten Personen wegen des Vorwurfs homosexueller Handlungen verurteilt und interniert worden sind[5]. Ob dieser Wert über- oder unterdurchschnittlich ist, kann erst eingeschätzt werden, sobald für andere Länder beziehungsweise Gaue entsprechende Untersuchungen vorliegen.

3. Erkenntnisgewinn durch Häftlingsakten

Was ist aus diesen Gefangenenakten zu ersehen, wie können sie für die Forschung nutzbar gemacht werden? In den meisten Häftlingsakten befindet sich ein Gerichtsurteil, aus dem unter anderem die persönlichen Verhältnisse des Gefangenen, die Tatumstände, die herangezogenen rechtlichen Bestimmungen und das Strafmaß deutlich werden. So ist etwa der Name des Verurteilten zu erfahren und auch seine Nationalität festzustellen. Die meisten (299) der wegen Homosexualität Verurteilten waren Deutsche, daneben gab es aber auch jeweils einen Tschechen, einen Österreicher und einen Rumänen sowie zwei Franzosen und sechs Polen. Wir erfahren, wie das Delikt den Polizei- oder Justizbehörden bekannt geworden ist, wer angezeigt und denunziert hat, aber auch, welche Dienststellen (zumeist Kripo und Gestapo) und welche Beamten die Ermittlungen geleitet haben.

Deutlich wird weiterhin, welches Gericht sich mit der Verfolgung des Straftatkomplexes § 175 RStGB befasst hat. Dies waren in 62 Fällen mecklenburgische Amtsgerichte (die 37 Mal als Schöffengericht geurteilt hatten), 220 Mal ein Landgericht (darunter in 205 Fällen eines der vier mecklenburgischen Landgerichte), neunmal ein (Feld-)Kriegsgericht, zweimal das Reichsgericht und (wie bereits erwähnt) 14 Mal ein Sondergericht. Hinzu kamen Gefängnisaufenthalte, die lediglich durch die Oberstaatsanwaltschaften bezie-

---

[5] Zu beachten ist jedoch, dass zu den bislang festgestellten 310 wegen homosexueller Delikte einsitzenden Personen durchaus noch weitere hinzu kommen können. Durch die nicht immer eindeutige und stringente Verzeichnung der Akten, die im vorliegenden Fall im einschlägigen Findbuch nur nach den unmissverständlich erscheinenden Stichworten homosexuell, § 175 RStGB und „widernatürliche Unzucht" ermittelt wurden, ist sicher nicht das gesamte justiziell behandelte homosexuelle Spektrum erfasst worden. So haben Stichproben ergeben, dass noch zahlreiche weitere Gefangenenakten durchgesehen werden sollten, bei denen als Delikt etwa „Verbreitung unzüchtiger Bilder oder Schriften", „Exhibitionismus" oder vor allem (bei männlichen Verurteilten) „Sittlichkeitsverbrechen" (an Jungen/jungen Männern) angegeben ist, hinter denen jedoch zumeist tatsächlich Homosexualitäts-Delikte standen, auch, um eine aus der uneindeutigen Aktenverzeichnung nicht ersichtliche differenzierende Erfassung zwischen Homosexualität und Päderastie vornehmen zu können.

hungsweise die Gestapo veranlasst waren, also nicht auf einem Urteilsspruch basierten.

Zu ersehen ist, welche Richter die Angeklagten verurteilt haben, welche Staatsanwälte die Anklage verfasst haben und wer die Anklagen vor Gericht vertreten hat. Zudem scheint es sich abzuzeichnen, dass – wie bei anderen Deliktgruppen auch – eine sich bei Staatsanwaltschaften und Gerichten deliktbezogen herausbildende Spezialzuständigkeit entwickelte. In vielen Fällen ist auch erkennbar, von welchen Rechtsanwälten die Angeklagten vertreten wurden.

Wir erfahren, wie viele Angeklagte in einem Prozess verurteilt wurden: Oft nur ein einziger, in einem Prozess aber auch 15 Personen; zumeist waren es jedoch zwei. Aufschlussreich ist auch das Alter der wegen homosexueller Delikte verurteilten Personen: Der älteste der Verurteilten ist 1861 geboren worden, war also 76 Jahre alt, als er 1937 vom Landgericht Schwerin zu 30 Monaten Haft verurteilt wurde. Der Jüngste der Verurteilten war 22 Jahre alt, als er Ende 1944 mit neun Monaten Zuchthaus bestraft wurde. Darüber hinaus scheinen die Berufe beziehungsweise die Tätigkeiten der Gefängnisinsassen von Interesse zu sein, aus denen soziostrukturelle Befunde zu erheben sind und erkennbar wird, welchen gesellschaftlichen Kreisen die Verurteilten entstammten. Wir finden hier Landarbeiter und Gutsbesitzer, Fabrikarbeiter und Firmeneigentümer, Hausierer, Geistliche, Adlige, Richter, Lehrer und NS-Funktionäre.

Aufschlussreich ist auch der Zeitpunkt der Verurteilungen: Unter den 310 Personen, die sich im Dritten Reich wegen der Deliktgruppe Homosexualität im Strafvollzug in Dreibergen befanden, stoßen wir auf acht, die schon in der Weimarer Republik verurteilt worden waren. Danach ist seit der NS-Machtübernahme in Mecklenburg ein kontinuierliches Ansteigen der Verurteilungszahlen zu beobachten, beginnend mit jeweils drei in den Jahren 1932 und 1933. Die Verschärfung des Homosexuellenstrafrechts im Jahre 1935 hatte einen Sprung von 18 Verurteilungen im Laufe dieses Jahres auf 43 Verurteilungen im Jahre 1936 zur Folge[6]. Den Höhepunkt bildete das Jahr 1939 mit 46 Verurteilungen. Im Zweiten Weltkrieg gingen die Zahlen deutlich zurück: 1944 gab es noch 15 und 1945 lediglich fünf Verurteilungen[7]. Aus den Häft-

---

[6] Zu prüfen ist, ob ein weiterer Grund für diese Entwicklung auch darin liegen kann, dass mit der rapiden Aufrüstung und der Industrialisierung des bisherigen Agrar-Gaus Mecklenburg ab 1935/36 zehntausend junge Männer ins Land kamen, die vor allem in den Städten angesiedelt wurden.

[7] Eine Ursache dieses Rückgangs bestand sicher auch darin, dass die meisten der bislang in Industrie, Handwerk und Landwirtschaft beschäftigten Männer im militärischen

lingsakten ist auch das Strafmaß zu ersehen. Die geringste, viermal verhängte Strafe lautete auf zwei Monate Gefängnis, die in den Jahren 1940 bis 1944 ausgesprochen wurde. Die höchste Haftstrafe war eine Verurteilung zu 180 Monaten, also zu 15 Jahren Zuchthaus, die 1940 vom Sondergericht Rostock verhängt wurde. Hinzu kamen sechs unter dezidierter Bezugnahme auf den § 175 RStGB verhängte und auch vollstreckte Todesstrafen.

Durch die Tatbeschreibung in den Gerichtsurteilen erhalten wir – natürlich durch den spezifischen Blick der Verfolgungsinstanzen gefilterte – Einblicke in die Homosexuellen-Szene in Mecklenburg, wobei zu berücksichtigen ist, dass nicht alle der in Mecklenburg Einsitzenden auch hier verurteilt wurden, der Tatort also zuweilen in anderen Ländern lag.

Aus den Häftlingsakten werden zudem Einzelheiten und Spezifika des Strafvollzugs an Homosexuellen erkennbar, so über das Einlieferungsprozedere, den Gesundheitszustand und die Haftbedingungen, über mögliche Delikte während der Haft und darauf folgende Hausstrafen sowie über die kriminalpsychologische Beurteilung durch Strafanstaltsbeamte. In nicht wenigen Fällen legen auch die von der Anstaltszensur zurückgehaltenen und in der Gefangenenakte überlieferten Briefe eines Häftlings und seiner Angehörigen Zeugnis ab vom persönlichen Befinden des Verurteilten, dem Verhalten seiner Familie und dem Alltag innerhalb und außerhalb der Gefängnismauern.

In einigen Gefangenenakten sind Angaben über weitere schwere Repressionen wie Sterilisierungen beziehungsweise Kastrationen enthalten (die zumeist in der Krankenstation des Zuchthauses durchgeführt wurden). Gelegentlich erfahren wir etwas über den weiteren Verbleib der Gefangenen nach ihrer Strafverbüßung. In der Regel erfolgte eine Entlassung nach Hause (zum Teil verbunden mit einer dortigen Überwachung durch die Polizei), bisweilen kam es aber auch zu Überführungen in Heil- und Pflegeanstalten, in Arbeitshäuser oder Konzentrationslager. Einige Häftlinge bemühten sich, durch eine freiwillige Meldung zur sogenannten Frontbewährung der bedrückenden Atmosphäre des Zuchthauses zu entkommen.

Unter den bislang ermittelten 310 Personen, die wegen des Straftatkomplexes Homosexualität verurteilt und in Mecklenburg inhaftiert waren, befanden sich fünf Frauen, darunter jedoch nur drei, auf die der Vorwurf möglicherweise tatsächlich zutraf. So wurde eine Frau wegen „fortgesetzter unzüchtiger Handlungen an einer Arbeitskameradin mit Gewalt"[8] verurteilt.

Kriegseinsatz standen; in Mecklenburg waren 1944 mehr als 44 Prozent der Arbeitskräfte Ausländer.
[8] LHAS, 5.12-6/9, Nr. 4577, Gefangenenakte Elisabeth S.

Bei zwei Frauen war die Homosexualität lediglich ein zur Stigmatisierung und negativen Charakterisierung der Angeklagten erhobener Vorwurf, die jedoch für das Hauptdelikt Diebstahl verurteilt worden sind. Die anderen Verurteilungen betrafen eine Frau, die hinsichtlich der Homosexualität ihres Dienstherrn einen Meineid geleistet hatte, um diesen vor Strafverfolgung zu schützen, sowie eine Frau, die die Homosexualität ihres Ehemannes toleriert, unterstützt und gedeckt hatte und dafür als Mittäterin verurteilt wurde.

Nach Abschluss dieses Forschungsprojekts sollte angestrebt werden, Vergleiche mit ähnlich gelagerten Untersuchungen anzustellen, zu denen angesichts der bislang unausgeschöpften Quellenlage in anderen Ländern ausdrücklich ermutigt wird.

Johann Karl Kirchknopf
Die umfassende Aufarbeitung der NS-Homosexuellenverfolgung in Wien
Am Beginn eines herausfordernden Projekts

1. Einleitung

Unter dem Arbeitstitel „,Namentliche' Erfassung der homosexuellen und transgender Opfer des Nationalsozialismus" startete am Zentrum QWIEN unter der Leitung von Andreas Brunner und Hannes Sulzenbacher Anfang 2013 ein Forschungsprojekt, dessen Ziel die umfassende Aufarbeitung der Lebenssituationen und Repressionen von LSBTI in Wien während der Zeit der NS-Herrschaft ist. Der Fokus liegt dabei auf Personen, die Opfer der NS-Homosexuellenverfolgung wurden oder aufgrund anderer Ausgrenzungsmechanismen, die auf Kategorisierungen sexueller oder geschlechtlicher Devianz beruhen, in irgendeiner Form unterdrückt oder verfolgt wurden. Der Blick wird aber nicht nur auf Zeugnisse der Verfolgung und Unterdrückung gerichtet, um den Forschungsgegenstand nicht nur aus der Perspektive der verfolgenden Institutionen und Personen zu betrachten. Auch aus der Sicht von LSBTI soll die Geschichte aufgearbeitet werden. Das Projekt will zur Debatte einen wissenschaftlichen Beitrag leisten, um die Setzung eines Denkmals für diese Opfergruppe in Wien (die sich die Stadtregierung vorgenommen, bis jetzt aber noch nicht umgesetzt hat) voranzutreiben.

Eine namentliche Erfassung, wie im Arbeitstitel des Projekts angedeutet, ist mit diversen rechtlichen, aber auch ethischen Problemen konfrontiert – eben daraus resultiert die Setzung der Anführungsstriche. Grundlegend sind datenschutzrechtliche Bestimmungen, wonach Namen und Daten von Personen nur unter bestimmten Voraussetzungen veröffentlicht werden dürfen. Hinzu kommen ethische Überlegungen: Inwiefern und unter welchen Voraussetzungen dürfen Personen einer bestimmten Gruppe zugerechnet werden – lediglich aufgrund von Dokumenten staatlicher Verfolgung, ohne Hinweise einer frei geäußerten Selbstbezeichnung? Auf der anderen Seite wurde gerade diese Verfolgtengruppe erst sehr spät als Opfer eines menschenverachtenden Regimes anerkannt – für die meisten Überlebenden zu spät. Muss nicht jemand an ihrer Stelle die Stimme erheben? Daher ist es den Verantwortlichen sehr wichtig, die Opfer dieser Verfolgung namentlich zu erfassen und die erlittene Diskriminierung, die nicht selten in Vernichtung endete, als staatlich sanktioniertes Unrecht darzustellen. Am Beginn dieses Projekts steht daher die Erstellung einer Datenbank, in der Opfer und auch Dokumente dieser Verfolgung erfasst werden. In weiterer Folge sind ausführliche Analysen der erhobenen Daten und weiterführende Untersuchungen geplant. Die Frage nach dem Umgang mit den Daten wird während des Verlaufs des Projekts immer wieder aufzuwerfen sein. Ein sensibler Umgang mit den Daten ist gefordert, um sowohl die Generierung wissenschaftlicher Erkenntnisse nicht zu behindern als auch das Andenken an verfolgte Personen zu ehren.

Das Projekt befindet sich noch im Anfangsstadium. Die Datenerhebungsmaske ist zum Großteil fertig, und die wichtigsten Quellenbestände sind ausgemacht. Im Folgenden wird das Ergebnis der bisher erfolgten konzeptionellen Arbeit vorgestellt, die Andreas Brunner, Hannes Sulzenbacher, Sara M. Ablinger, Phi Schneeweiß und der Verfasser geleistet haben. Eindrücke und Anregungen, die aus dem Berliner Workshop „Lebenssituationen und Repressionen von LSBTI im Nationalsozialismus"[1] mitgenommen wurden und die konzeptionelle Arbeit des Projekts befruchtet haben, werden dabei berücksichtigt. Abschließend wird ein knapper Ausblick auf den geplanten Fortgang des Projekts gegeben.

2. Quellen

Den Ausgangspunkt der Datenerhebung bilden die Strafakten der beiden Wiener Straflandesgerichte jener Zeit zu Prozessen nach § 129 I b ÖStG[2], die im Wiener Stadt- und Landesarchiv (WStLA) überliefert sind. Sie stellen nach bisherigem Kenntnisstand den umfangreichsten Quellenbestand dar, denn laut Auskunft des Archivs sind zumindest 739 Strafakten aus dieser Zeit überliefert. Die Strafakten des Jugendgerichtshofs wurden demnach fast zur Gänze vernichtet, es soll jedoch geprüft werden, ob einzelne Akten dennoch überliefert sind. Vereinzelt wird aus den Daten der beiden Wiener Straflandesgerichte aufgrund von Aufzeichnungen über Verfahrensausscheidungen an den Jugendgerichtshof die Arbeit dieses Gerichts rekonstruiert werden können. Akten des Sondergerichts und des Erbgesundheitsgerichts

---

[1] Am 1.2.2013 in Berlin-Lichterfelde, organisiert vom IfZ in Kooperation mit der BMH.
[2] Gemeint ist das Österreichische Strafgesetz von 1852, das bis Ende 1974 in Kraft war und dessen erst 1971 im Hinblick auf Erwachsene abgeschaffter § 129 I b „Unzucht wider die Natur […] mit Personen desselben Geschlechts" als Verbrechen bestrafte.

Wien (ebenso im WStLA) werden ebenso untersucht. Eine besonders wichtige Quelle für die Erforschung persönlicher Daten sind historische Meldedaten. Quellenbestände für den Bereich der Militärgerichtsbarkeit – Angehörige der Wehrmacht wurden wegen Vergehen nach § 175 RStGB in der Fassung von 1935 vor Militärgerichten abgeurteilt – sind im Österreichischen Staatsarchiv (ÖStA) zu finden, müssen aber noch nach relevanten Akten durchsucht werden. Für den Zeitraum von 1. Januar 1940 bis 6. August 1940 sind im ÖStA Tagesmitteilungen der Wiener Kriminalpolizei an das Büro des Wiener Gauleiters Josef Bürckel überliefert, deren Daten ebenfalls erfasst werden sollen – in der „Ostmark"[3] wurden bereits ab 1939 die meisten Anzeigen nach § 129 I b ÖStG nicht mehr von der Gestapo, sondern von der Kriminalpolizei bearbeitet[4].

Das Dokumentationsarchiv des Österreichischen Widerstandes (DÖW) hat das vorhandene Quellenmaterial zu Arbeits- und Konzentrationslagern in Österreich sowie zur Gestapo in Wien (darunter Tagesrapporte und Fotokarteien) aufgearbeitet. Für unser Projekt relevante Daten werden dem Zentrum QWIEN vom DÖW zur Verfügung gestellt. Es muss untersucht werden, welche Quellenbestände, die in den verschiedenen Archiven überliefert sind, aus dem Bereich des Strafvollzugs und des Gesundheitswesens (etwa aus der Heilanstalt am Steinhof) relevante Daten enthalten. Insbesondere für die Gewinnung von Daten über Intersexuelle, aber auch Transidente und über den Umgang mit diesen Gruppen können Unterlagen aus dem Gesundheitswesen hilfreich sein. Unterstützend zu personen- oder fallbezogenen Akten werden auch Register der jeweiligen Institution (sofern vorhanden) untersucht. Derartige Quellen werden oft außer Acht gelassen, obwohl sie aufschlussreiche Informationen enthalten können. Vor allem dokumentieren sie lückenlos die Arbeitsprozesse einer Behörde oder Institution. Da im Rahmen der Datenbank sämtliche Quellenbestände erfasst werden sollen, werden auch Zeitungsartikel oder private Dokumente wie Briefe oder Tagebücher, die die Geschichte aus der Innensicht erzählen und unter Umständen in Nachlässen überliefert sind, aufgenommen. Derartige Quellenbestände gilt es noch ausfindig zu machen.

---

[3] Bezeichnung der bisherigen Republik Österreich innerhalb des Großdeutschen Reiches zwischen 1938 und 1942, die dann von den „Alpen- und Donau-Reichsgauen" abgelöst wurde.
[4] Vgl. Niko Wahl, Verfolgung und Vermögensentzug Homosexueller auf dem Gebiet der Republik Österreich während der NS-Zeit. Bemühungen um Restitution, Entschädigung und Pensionen in der Zweiten Republik, Wien/München 2004, S. 401.

3. Design der Datenerhebungsmaske

Die Gestaltung der Datenerhebungsmaske ist schwierig. Technische Fragen, etwa zur Programmierung und statistischen Auswertung, müssen beantwortet werden, sind aber nicht zentral. Es ist unerlässlich, vor Beginn einer Datenerfassung zu klären, welche Fragestellungen auf Basis der erhobenen Daten ermöglicht werden sollen. Ausgehend von den bisher formulierten Desideraten und Fragen[5], muss ein Erfassungsraster eingerichtet werden. Dabei stellen Kategorisierungen eine große Herausforderung dar, wie schon an der Frage deutlich wird, wer als Opfer zu erfassen ist: Die Verantwortlichen des Projekts erheben den Anspruch, Daten über Lebenssituationen und Repressionen von LSBTI in Wien zwischen 1938 und 1945 zu erfassen. Eine so bezeichnete Gruppe gab es damals aber nicht. Die Geschichte von Lesben, Schwulen und Bisexuellen lässt sich zum Großteil über die Homosexuellenverfolgung aufarbeiten, wobei jedoch die Gefahr einer Viktimisierung besteht, zumal die zur Verfügung stehenden Quellen zumeist Dokumente einer strafrechtlichen Verfolgung und keine Selbstzeugnisse sind. Transidente und Intersexuelle sind in den Quellen nur sehr schwer ausfindig zu machen. Hinweise können Andeutungen über *Cross-Dressing* in Strafakten zur Homosexuellenverfolgung liefern. Weibliche Spitznamen bei Männern oder männliche Spitznamen bei Frauen sind nicht unbedingt ein Hinweis auf Transidente oder Intersexuelle, sondern oft nur Ausdruck einer selbst gewählten schwulen oder lesbischen Identität. Ebenso wenig sind männliche Attribuierungen bei Frauen oder weibliche Attribuierungen bei Männern von Seiten der verfolgenden Behörden ein eindeutiger Hinweis auf Transidente und Intersexuelle, zumal es damals üblich war, homosexuell kategorisierte Frauen als vermännlicht und homosexuell kategorisierte Männer als verweiblicht darzustellen. Daher hat man entschieden, die Kategorisierungen, die in den Quellenbeständen verwendet werden, bei der Datenerhebung zu übernehmen, dabei aber möglichst viele Informationen in die Datenbank aufzunehmen, um eine differenzierende Analyse zu ermöglichen. Die Datenbank wird demnach noch keine abschließenden Zahlen über die Opfergruppe der LSBTI liefern können, dazu wird es weiterführender Analysen bedürfen.

Die primäre Funktion der Datenbank besteht darin, umfassende Informationen über Personen zu sammeln, die wegen als deviant kategorisierter

---

[5] Eine Darstellung des Forschungsstands zu Österreich und Wien muss aus Platzgründen unterbleiben.

Sexualität und/oder geschlechtlicher Identität Repressalien des NS-Regimes ausgesetzt waren. Eine weitere Aufgabe besteht darin, Informationen über den Prozess der Verfolgung selbst zu sammeln (Behördenstrukturen, beteiligte Beamte), was nur teilweise aufgrund personenbezogener Datensätze erfolgen kann. Daher ist die Datenbank in zwei grundlegend verschiedene Kategorien von Datensätzen strukturiert: eine ist personenbezogen, die andere quellenbezogen. Dabei wurde darauf geachtet, Daten nicht mehrfach zu erheben, die Datensätze aber in einer Weise zu verknüpfen, dass eine umfassende Auswertung erfolgen kann. Um komplexe Verhältnisse aus den verschiedensten Perspektiven analysieren und statistisch auswerten zu können, ist es erforderlich, zum Großteil sehr enge Raster für die Erhebung von Daten vorzugeben. Eine bestmögliche Kleinstrukturiertheit der zu erfassenden Dateneinheiten in Verbindung mit einer genauen Kategorisierung muss vorab festgelegt werden, um das erfasste Datenmaterial messbar zu machen. Ausgehend vom zentralen Quellenmaterial, das in seinen Strukturen bekannt ist, wurde eine Datenerhebungsmaske entworfen, die im Folgenden skizziert werden soll.

4. Die Datenerhebungsmaske

Im Bezug auf verfolgte Personen sollen möglichst umfassende persönliche Daten gesammelt werden, um Entwicklungen im sozialen Status und Einkommen (beispielsweise nach Beruf, Arbeitslosigkeit, Einkommen, Vermögen, Akteneinsicht von Arbeitgeberseite, Aberkennung akademischer Titel) möglichst für den gesamten Lebensverlauf nachvollziehbar zu machen. Daher werden Daten über die Berufe der Eltern und das Herkunftsmilieu, über Familienstand und etwaige Kinder wie auch Daten über Mitgliedschaften in der NSDAP und/oder einer ihrer Gliederungen gesammelt. Daneben soll der gesamte Prozess der Verfolgung in all seinen Teilschritten (zum Beispiel mehrere Gerichtsverfahren) dokumentiert werden, angefangen bei ersten Ermittlungen und den Umständen einer möglichen Verhaftung (Denunziation, Razzien, Fahndung nach dem sogenannten Schneeballprinzip). Vernehmungen und Haussuchungen durch Kriminalpolizei oder Gestapo werden aufgrund von Eckdaten (beispielsweise Datum, Ort, ausführender Beamter) erfasst, aber auch besondere Hinweise auf Folter oder markante beschlagnahmte Gegenstände festgehalten. Verlauf und Ausgang eines Strafprozesses, sämtliche an einem Prozess beteiligte Behörden oder die Verbringung in ein Konzentrations- oder Arbeitslager werden erfasst, sofern sie diese Person betreffen.

Da das Ziel des Projekts die Erfassung sämtlicher Personen ist, die von der NS-Homosexuellenverfolgung betroffen waren, werden nicht nur wegen „Unzucht wider die Natur" Verurteilte erfasst. In die Datenbank aufgenommen werden sämtliche Personen, gegen die die Kriminalpolizei oder Gestapo nach § 129 I b ÖStG ermittelt hat oder gegen die ein Strafantrag nach diesem Paragrafen eingereicht wurde – ganz gleich welchen Ausgang dieser Verfolgungsprozess genommen hat.

Aufgrund der Formulierung des damaligen österreichischen Strafrechts wurden viele Personen, die nach heutigem Recht wegen sexuellen Missbrauchs von Minderjährigen verfolgt werden würden, nach § 129 I b ÖStG als Homosexuelle und nicht nach § 128 ÖStG („Schändung") strafrechtlich verfolgt[6]. Aus diesem Grund wird bei der Erhebung personenbezogener Daten einer nach § 129 I b ÖStG verfolgten Person ein Vermerk angebracht, wenn eine der an Tathandlungen beteiligten Personen minderjährig war.

Auf der Ebene der quellenbezogenen Datensätze sollen in erster Linie Daten über Behördenstrukturen und beteiligte Beamte gesammelt werden. Es soll festgestellt werden, ob es Polizeibeamte, Staatsanwälte oder Richter gegeben hat, die besonders milde oder auffallend hart vorgingen. Die Vorgehensweise der Behörden strukturell zu untersuchen ist für Wien besonders wichtig, zumal dort eine statistisch signifikante Zunahme und rechtlich bedeutsame Intensivierung der Verfolgung weiblicher Homosexualität festgestellt werden kann, ohne dass es dazu einen Auftrag aus der Reichszentrale gegeben haben dürfte[7]. Auf dieser Ebene sollen aber auch mutmaßliche Zeuginnen und Zeugen eines Verfahrens erfasst werden, sowie Orte, an denen Verfahrensbeteiligte verkehrten, um mögliche Spitzel und Hinweise auf eine spezifische Szene ausfindig zu machen. Im Rahmen der quellenbezogenen Datensätze werden schließlich sämtliche Verweise eines Dokuments auf andere Dokumente erfasst, was für den Arbeitsprozess der Datenerhebung selbst von hoher Wichtigkeit ist, zumal dadurch sowohl neue Quellengattungen auftauchen können, als auch verloren gegangene Quellenbestände erkannt werden.

Wie bereits erwähnt, wurde die Datenerhebungsmaske aufgrund des Kernbestands des bereits untersuchten Quellenmaterials entworfen. Es wurde

---

[6] Vgl. Hans-Peter Weingand, Homosexualität und Kriminalstatistik in Österreich, in: Invertito. Jahrbuch für die Geschichte der Homosexualitäten 13 (2011), S. 40–87, hier S. 60–64.
[7] Vgl. Johann Karl Kirchknopf, Die Verfolgung weiblicher Homosexualität in Wien während der NS-Zeit. Rechtshistorische und quantitative Perspektiven, Diplomarbeit, Wien 2012.

aber auch schon bemerkt, dass nach weiteren, bis jetzt unbekannten Quellenbeständen gesucht wird. Die Datenbank ist deshalb in einer Weise konzipiert, dass auch die Erfassung von Quellenmaterial möglich ist, das keiner vorab definierten Quellengattung zugeordnet werden kann, um dessen statistische Auswertbarkeit dennoch sicherzustellen.

5. Ausblick

Die Datenerfassung soll binnen eineinhalb Jahren für den Kernbereich der Quellenbestände abgeschlossen sein. Wie die Datenerfassung selbst hängt auch eine Fortsetzung des Projekts noch von Finanzierungsfragen ab. Geplant sind die Auswertung des erhobenen Datenmaterials und die Erstellung wissenschaftlicher Arbeiten, die auf den erhobenen Daten aufbauen und die Lebenssituationen und Repressionen von LSBTI in Wien während der NS-Zeit umfassend darstellen. Der im Rahmen des Berliner Workshops nahezu einhellig geäußerte Wunsch nach einer Institutionalisierung und Koordinierung dieses Forschungsfelds muss an dieser Stelle unterstrichen werden. Ohne Verankerung an international anerkannten Forschungseinrichtungen und ohne projektübergreifende Koordinierung wird die Finanzierung derartiger Projekte auch weiterhin kaum möglich sein und die internationale Anerkennung dieses Forschungsfelds auch in Zukunft ausbleiben.

DIE ENTSCHÄRFUNG DER DEUTSCHEN FRAGE

Gottfried Niedhart

Entspannung in Europa
Die Bundesrepublik Deutschland und der Warschauer Pakt 1966 bis 1975

DE GRUYTER
OLDENBOURG

Zeitgeschichte im Gespräch, Band 19
2014. 131 Seiten
Broschur 978-3-486-72476-9 € 16,95
ebook 978-3-486-85636-1 € 16,95
print + eBook 978-3-486-85637-8 € 29,95

Mitte der 1960er Jahre trat der Ost-West-Konflikt in eine neue Phase ein. Auf die Konfrontation im Kalten Krieg folgte die antagonistische Kooperation in der Ära der Entspannung. Die Bundesrepublik leistete einen wesentlichen Beitrag zu dieser Entwicklung: Sie entschärfte die deutsche Frage, indem sie die territoriale Nachkriegsordnung respektierte. Gottfried Niedhart analysiert die Schlüsselrolle der Bundesrepublik im europäischen Entspannungsprozess, der im Verständnis der Großen wie auch der sozial-liberalen Koalition der Überwindung des Status quo dienen sollte. Zugleich beleuchtet er die Politik des Warschauer Pakts, der zwar kein monolithischer Block war, dessen Mitgliedstaaten aber im Gegensatz zur Bundesrepublik Entspannung als Mittel zur Bewahrung des Status quo verstanden.

Gottfried Niedhart ist emeritierter Professor für Neuere Geschichte an der Universität Mannheim.

DE GRUYTER
OLDENBOURG

Find us on Facebook

www.degruyter.com/oldenbourg

Ulf Bollmann
Gemeinsam gegen das Vergessen –
Stolpersteine für homosexuelle NS-Opfer
Perspektiven und Grenzen bei der Quellenrecherche aus Sicht einer Hamburger Forschungsinitiative

1. Die Hamburger Initiative

Im März 2006 riefen der Buchautor Bernhard Rosenkranz (1959 bis 2010) und der Verfasser dieses Beitrags in Hamburg die Initiative Gemeinsam gegen das Vergessen – Stolpersteine für homosexuelle NS-Opfer ins Leben[1]. Vorrangiges Ziel war und ist es, die Erforschung dieser Verfolgtengruppe zu intensivieren und in der Bevölkerung sowie der schwul-lesbischen Szene ein Bewusstsein für die Homosexuellen-Verfolgung zu wecken. Dies geschieht in erster Linie durch Kooperation mit dem bundesweiten Stolperstein-Projekt des Künstlers Gunter Demnig. Bis 2013 wurde in Hamburg die Verlegung von 311 Stolpersteinen verwirklicht, darunter auch für sieben lesbische und bisexuelle Frauen sowie für vier Transvestiten[2].

Bei der Biographienarbeit zur Homosexuellenverfolgung in der NS-Zeit hat sich gezeigt, dass die Verfolgungshintergründe nicht eindimensional gesehen werden dürfen. Die von uns recherchierten Personen sind häufig im Kontext von Doppelt- und Mehrfachstigmatisierungen als Juden, Sinti und Roma, Kommunisten, Sozialdemokraten, Menschen mit Behinderungen, Prostituierte/Strichjungen, sogenannte Kriminelle, Asoziale, Fahnenflüchtige oder auch als Zwangsarbeiter zu betrachten. Ein unerwartet neuer Aspekt bei den Hamburger Forschungen ist die Erkenntnis, dass Suizide einen Anteil von etwa 25 Prozent unter den Opferzahlen einnehmen. Außerdem können auch Angehörige zu den Opfern der Homosexuellen-

---

[1] Vgl. Ulf Bollmann/Bernhard Rosenkranz, Gemeinsam gegen das Vergessen – Stolpersteine für homosexuelle NS-Opfer, in: Invertito. Jahrbuch für die Geschichte der Homosexualitäten 9 (2007), S. 165–173, online: www.hamburg-auf-anderen-wegen.de/stolpersteine.

[2] Vgl. Bernhard Rosenkranz/Ulf Bollmann/Gottfried Lorenz, Homosexuellen-Verfolgung in Hamburg 1919–1969, Hamburg 2009. Die Hamburger Landeszentrale für politische Bildung veröffentlicht zudem seit 2007 für die über 4000 Stolpersteine in der Hansestadt ausführliche Biographien in Stadtteil-Broschüren. Bis Ende 2013 werden es bereits 16 Bände sein. Die Ergebnisse werden zudem im Internet veröffentlicht: www.stolpersteine-hamburg.de.

verfolgung zählen, wenn sie sich im Zusammenhang mit der Verfolgung ihrer Kinder das Leben nahmen.

Zusammen mit dem Pädagogen und Historiker Gottfried Lorenz[3], der das Projekt von Beginn an unterstützt, werden zudem historische Rundgänge initiiert, die thematisch über die Biographien hinter den Stolpersteinen und die Zeit des Nationalsozialismus hinausreichen: Betrachtet werden insbesondere die bis zu den Strafrechtsreformen von 1969 und 1973 bestehenden Auswirkungen der §§ 175 und 175 a StGB, die Biographien der Helferinnen und Helfer beziehungsweise der Täterinnen und Täter aus Polizei, Justiz, Verwaltung und Medizin, Fragen zur (meist unterbliebenen) Entschädigung und zu besonderen Formen der Verfolgung in Hamburg (Tanz- und Toilettenverbote für homosexuelle Männer), die im Falle der Überwachung öffentlicher Bedürfnisanstalten und der Verhängung von Benutzungsverboten für Schwule bis 1980 andauerten. Diese Themen werden neben den Rundgängen in Vorträgen, Aufsätzen[4] und Ausstellungen[5] in Kooperation mit der schwul-lesbischen Szene Hamburgs sowie Forschungseinrichtungen, Vereinen und Behörden der Öffentlichkeit präsentiert.

2. Grundsätzliches zur Quellen- und Archivsituation

Durch die Tätigkeit des Verfassers als Archivar beim Hamburger Staatsarchiv hat die Initiative einen vertiefenden Einblick in die Überlieferungslage sowie zu den Möglichkeiten einer Auswertung von Quellen gewinnen können. Günstig für Recherchen in Hamburg (im Unterschied zu anderen Orten) ist es, dass das Staatsarchiv Verwahrort sowohl für kommunales als auch für staatliches Schriftgut ist. So finden sich dort sowohl Akten der Standes- und Einwohnermeldeämter als auch der Gerichte und des Strafvollzugs wieder. Vergleichbar angelegte Recherchen in Flächenstaaten der Bundesrepublik Deutschland haben stets zeitaufwändigere Nachforschungen in verschiedenen Stadt-, Kreis- und Landesarchiven zur Folge. Aber auch die Möglichkeiten eines Stadtstaatenarchivs sind ab einem bestimmten Punkt erschöpft.

---

[3] Vgl. Gottfried Lorenz/Bernhard Rosenkranz, Hamburg auf anderen Wegen. Die Geschichte des schwulen Lebens in der Hansestadt, Hamburg ²2006.
[4] Vgl. Gottfried Lorenz, Töv, di schiet ik an. Beiträge zur Hamburger Schwulengeschichte, Berlin u. a. 2013.
[5] Die Ausstellung „Homosexuellen-Verfolgung in Hamburg 1919–1969" wurde zwischen 2009 und 2011 mehrfach in Hamburg, Bochum, Waren/Müritz, Berlin und Essen gezeigt. Vom 22.7.–1.9.2013 war in Hamburg die Ausstellung „Liberales Hamburg? Homosexuellenverfolgung durch Polizei und Justiz nach 1945" zu sehen.

Daraus folgt: Insbesondere zur strafrechtlichen Verfolgung Homosexueller sind über die genannten Quellen des Staatsarchivs Hamburg hinaus Unterlagen anderer Archive und Einrichtungen heranzuziehen. Es gehörte zum System der Demoralisierung und Destabilisierung Verfolgter im Nationalsozialismus, dass diese häufigen Verlegungen im Strafvollzug und – durch die staats- und kriminalpolizeiliche Nebenjustiz – Einweisungen in Konzentrationslager ausgesetzt waren. Daher sind bei Recherchen die heute zuständigen Archive der entsprechenden Strafanstalten (Untersuchungs- und Gefängnishaftanstalten, Zuchthäuser, Sicherungsanstalten), von besonderen Straflagern (zum Beispiel die Emslandlager) und der Konzentrations- und Vernichtungslager des gesamten Deutschen Reiches sowie der besetzten Gebiete zu konsultieren. Neben den klassischen Landes- und Staatsarchiven der Bundesländer sind dafür auch zentrale Archive in Deutschland (vor allem das Bundesarchiv und das Archiv des Internationalen Suchdiensts in Bad Arolsen) sowie Gedenkstätten und Forschungseinrichtungen im Ausland (darunter das United States Holocaust Memorial Museum in Washington und die Gedenkstätte und das Archiv Yad Vashem in Jerusalem) einzubeziehen.

Auch einer Überstellung von tatsächlich oder vermeintlich Kranken in sogenannte Tötungsanstalten ging häufig eine mehrfache Verlegung in Behinderteneinrichtungen, Versorgungsanstalten und in „Heil- und Pflegeanstalten" voraus, deren Aktenüberlieferungen in den zuständigen Archiven zu suchen sind. Eine hohe Anzahl homosexueller Männer ist im Zweiten Weltkrieg zum Kriegsdienst eingezogen worden. Quellen zum Einsatz bei der Wehrmacht verwahren neben dem Bundesarchiv und dem Bundesarchiv-Militärarchiv auch die Deutsche Dienststelle und der Volksbund Deutsche Kriegsgräberfürsorge.

Günstig für die Nachzeichnung biographischer Daten ist in Hamburg die Möglichkeit, auf erschließende Datenbanken eines 1995 abgeschlossenen Gedenkbuch-Projekts für die jüdischen Hamburger Opfer des Nationalsozialismus zurückgreifen zu können, die im dortigen Staatsarchiv verwahrt werden. Für dieses Projekt wurden nicht nur regionale Bestände der Jüdischen Gemeinden und zur Verfolgung von Juden in Hamburg (beispielsweise durch die Erfassung zahlreicher Gefangenenkarteien aus der Zeit des Nationalsozialismus) ausgewertet, sondern auch auszugsweise Zusammenstellungen aus Datenbanken anderer Archive übernommen. Zum Beispiel gibt es Zusammenstellungen für Hamburg über eine Volkszählung von 1939 mit Angaben zu Personen mit jüdischer Herkunft und zu Tagesmeldungen der Gestapo nach Berlin.

3. Mögliche Aufgaben und Fragestellungen für ein Forschungsprojekt

Die Aufarbeitung der Verfolgung von LSBTI in der NS-Zeit und insbesondere die Nachzeichnung individueller Schicksale ist bisher erst im Ansatz verwirklicht. Vertiefende Studien gibt es zumeist nur für homosexuelle Männer und nur für einzelne Regionen (zum Beispiel Rhein-Ruhr), für die Großstädte (darunter Berlin, Hamburg, Hannover, Köln, München) und für einzelne Orte der Verfolgung (darunter die Konzentrationslager Sachsenhausen und Dachau). Es wäre daher zu begrüßen, wenn die bisherigen Forschungsergebnisse gesammelt und analysiert werden würden. Daran könnte sich eine Zusammenstellung von noch nicht erforschten Regionen und/oder nicht ausgewerteten Quellen anschließen. Ich plädiere für eine möglichst umfangreiche und vor allem auch namentliche Erfassung verfolgter Personen mit Quellennachweisen, um das tatsächliche regionale und zahlenmäßige Ausmaß sowie die Intensität der Homosexuellenverfolgung feststellen zu können. Eine solche Erfassung kann auch der Beantwortung von weiteren Fragestellungen eines Forschungsprojekts dienen, darunter:

1. Wie lauten die genauen Zahlen zum Umfang der Verfolgung? Wie hoch ist der jeweilige Anteil von LSBTI?
2. Wie ist die exakte Verteilung nach eröffneten Verfahren und nach tatsächlichen Verurteilungen? Welche Strafrechtsparagrafen waren maßgeblich, das heißt welchen Anteil haben die ursprünglichen §§ 175/175 a RStGB? Welchen Anteil und welche Bedeutung haben die § 183 („Erregung öffentlichen Ärgernisses") und § 185 („Tätliche Beleidigung") für Schwule und Trans*? Wie hoch ist der Anteil gleichgeschlechtlicher Handlungen in Verfahren nach § 176 im Verhältnis zu heterosexuellen Handlungen? Welche Strafrechtsparagrafen bedrohten Lesben?
3. Wie können die Lebenswege der LSBTI nachgezeichnet werden? Haben diese Personen die Anonymität der Großstädte gesucht und ihre Sexualität nur außerhalb kleinerer Herkunftsorte ausgelebt? Gab es eine höhere Mobilität bei Strichjungen und waren diese nur in Großstädten tätig?
4. Wie gehen wir mit dem Gedenken an sogenannte gebrochene Biographien um, bei Personen, die selbst zu Tätern wurden oder auch nach heutigem Strafrecht verurteilt worden wären?

4. Methodisches Vorgehen und Quellenauswertung

Ein Projekt könnte die Verbindung mit aktiven Forscherinnen und Forschern, Forschungseinrichtungen, Gedenkstätten und Archiven aufnehmen und den Aufbau einer gemeinsam zu nutzenden Forschungsdatenbank zu LSBTI-Nachweisen forcieren. Dabei wäre grundsätzlich eine Zusammenführung von Häftlingsdatenbanken und Gedenk- und Totenbüchern von Gefängnissen und Konzentrationslagern der NS-Zeit anzuregen, auch unabhängig von der Verfolgung von LSBTI. Wie bereits für das Staatsarchiv Hamburg beschrieben, sind Datenbanken vielfach im Zusammenhang mit einer regulären Archivgut-Erschließung oder durch vergleichbare Forschungsprojekte entstanden. Ansätze einer bundesweiten überregionalen Datenbank hat Rainer Hoffschildt (Hannover) zur Verfolgung homosexueller Männer, insbesondere zu deren Inhaftierung in Konzentrationslagern, bereits verwirklicht[6]. Sie sollten aufgegriffen und weiterentwickelt werden.

Da ausführliche Einzelfallakten von Polizei, Justiz und Strafvollzug – wenn überhaupt – oft nur in Auswahl überliefert vorliegen, gehören zur möglichst vollständigen Erfassung der eher statistischen Grunddaten von Verfolgten (Personen- und Lebensdaten, Strafparagrafen und Verfolgungszeiträume) die Polizeikarteien, Verfahrensregister der Justiz (Amts-, Land- und Oberlandesgerichte sowie Sondergerichte) und Gefangenenkarteien und -bücher. Die Auswertung einer Hamburger Untersuchungshaftkartei für Männer im Zeitraum 1933 bis 1941 ergibt beispielsweise, dass dort allein 12,5 Prozent der Häftlinge (2541 von 20266) unter dem Vorwurf, gegen den Paragrafen 175 verstoßen zu haben, einsaßen. Dazu kommen zahlreiche Personen, die wegen gleichgeschlechtlicher Handlungen nach den §§ 176, 183 und 185 RStGB belangt worden waren.

Zur genaueren Betrachtung der Lebenssituation dienen Einzelfallakten von Polizei, Justiz und Strafvollzug. Gerade die Auswertung staatsanwaltlicher und polizeilicher Ermittlungen der Strafakten bietet auch einen Zugang zu sonst schwer erfassbaren Ego-Dokumenten infolge von Hausdurchsuchungen und Beschlagnahmungen. Vielfach haben wir in Hamburg festgestellt, dass nur eine vollständige Erfassung der in den Strafakten enthaltenen Personennachweise zu Querverweisen auf persönliche Briefe und Fotografien Betroffener führen kann[7].

---

[6] Vgl. Rainer Hoffschildt, Die Verfolgung der Homosexuellen in der NS-Zeit. Zahlen und Schicksale aus Norddeutschland, Berlin 1999.
[7] Vgl. Stefan Micheler, Selbstbilder und Fremdbilder der „Anderen". Eine Geschichte Männer begehrender Männer in der Weimarer Republik und der NS-Zeit, Konstanz 2005.

Die Quellengruppe der polizeilichen Ermittlungsakten, der staatsanwaltlichen Strafakten, wie auch der Gefangenenpersonalakten des Strafvollzugs bieten auch Nachweise zu lesbischen Frauen. Von den in Hamburg ermittelten sieben lesbischen Opfern des Nationalsozialismus sind jedoch bis auf eine Frau, die als Prostituierte und Diebin verfolgt wurde, die übrigen vor allem wegen ihrer jüdischen Herkunft verfolgt worden. Sehr vereinzelt fanden sich in Akten über Prostituierte, deren gesundheitsamtliche Überwachung eine weitere Quelle darstellt, oder über kleinkriminelle Frauen, die als asozial galten, Hinweise auf verfolgtes oder zumindest beobachtetes lesbisches Verhalten. Jedoch steht das Missverhältnis zwischen der Vielzahl solcher Quellen und den zu erwartenden geringen Erkenntnissen der Durchführbarkeit einer systematischen Auswertung entgegen. Zum Beispiel ergab die systematische Durchsicht von mehreren hundert Überwachungsakten von Prostituierten des Gesundheitsamtes in Hamburg nur einen einzigen noch nicht bekannten Hinweis auf ein lesbisches Verhalten.

Eine weitere wichtige Quellengattung stellen für die Opfergruppe der homosexuellen Männer und der Transsexuellen die Sonderakten der Gesundheitsbehörden sowie der kriminalbiologischen Sammelstellen zur Prüfung, Genehmigung und Durchführung von gerichtlich angeordneten oder formal freiwilligen Kastrationen dar. Personenaufstellungen und Überwachungen solcher Personen können sich auch in Unterlagen der Justizverwaltungen befinden, die solche Maßnahmen genehmigten und überwachten.

Auch Einwohnermeldeunterlagen können wertvolle Hinweise auf Abmeldungen nach oder Zuzüge von Haftanstalten und Konzentrationslagern sowie zu Haftgründen und Todesumständen (Suizide) liefern. Eine systematische Auswertung dieser Unterlagen ist aufgrund des Umfangs des zur Verfügung stehenden Materials jedoch kaum durchführbar. Die Heranziehung dieser Quellengattung sollte aber für namentlich ermittelte LSBTI erfolgen, zu denen weitere Verfolgungsdaten fehlen.

Dreh- und Angelpunkt einer erfolgreichen Auswertung von Quellen zu LSBTI ist ein guter Kontakt zu verwahrenden Archiven, Forschungseinrichtungen oder sich dort gut auskennenden Forscherinnen und Forschern, die bereits Auswertungen vorgenommen haben. Daher sollte die Schaffung eines Netzwerks mit derartigen „Verbündeten" an erster Stelle stehen. Die Zusammenarbeit mit Frauen und Männern aus universitären Forschungsprojekten, Geschichtswerkstätten, historischen Vereinen, aus der Heimatkunde und Genealogie eröffnet nicht nur Chancen eines Erkenntnisgewinns, sondern bietet auch Gelegenheit, für die Akzeptanz unseres Anliegens, das heißt für die Belange der LSBTI, zu werben.

Albert Knoll
Lebenssituationen und Repressionen von LSBTI im Nationalsozialismus
Die Forschungssituation in München

1. Ausgangssituation

„Während fast überall im Reiche, voran in Berlin, die Verfolgung der Homosexuellen eine humanere Form angenommen hat, [...] wird in Bayern, schlimmer als vor dem Kriege, jeder der Homosexualität Verdächtigte wie ein Schwerverbrecher verfolgt."[1]

Die Repressionen, denen schwule Männer in Bayern bereits in den 1920er Jahren ausgesetzt waren, werden in diesem zeitgenössischen Zitat aus einer Homosexuellenzeitschrift deutlich. Die Auswertung bislang verfügbarer Münchner Quellen aus der NS-Zeit legt den Schluss nahe, dass dies keine Übertreibung eines Einzelnen ist, sondern gängige Praxis war. Die auffällig intensive Verfolgungspraxis unterscheidet München von anderen Großstädten des Deutschen Reichs. Die Behörden gingen hier sehr früh und mit besonderem Nachdruck bei der Verfolgung der männlichen Homosexualität vor. Die bereits im Juli 1934 verfügte und im Oktober desselben Jahres durchgeführte Großrazzia gegen männliche Homosexuelle in ganz Bayern war die früheste im Deutschen Reich und führte besonders in München zu vielen Festnahmen und bei Vorbestraften zur KZ-Inhaftierung.

Der Nachweis der Verfolgung der nicht vom § 175 RStGB erfassten sexuellen Minderheiten fällt dagegen ungleich schwerer, da nahezu keine Dokumente vorhanden sind. Insbesondere der Bereich der Ausgrenzung der Lesben aus der „Volksgemeinschaft" und der für beide Geschlechter geltende Rückzug ins Private als Folge der Auflösung der Homosexuellenvereine sowie des bedrohlicher werdenden Repressionsszenarios konnte bislang kaum quellenmäßig unterfüttert werden.

2. Quellenüberlieferung

Die Quellenüberlieferung in den relevanten Münchner Archivbeständen stellt sich bislang als spärlich und disparat dar. Durch Kriegsverlust und Spuren-

---

[1] E.K., Folter und Todesstrafen für Homoeroten!, in: Das Freundschaftsblatt 5 (1927), S. 1f., hier S. 1.

verwischung in den letzten Kriegstagen sind die Münchner Gestapo-Bestände vollständig vernichtet worden. Es sind keine geschlossenen Bestände vorhanden, die eine Aussage über die Gesamtzahl der in der NS-Zeit verfolgten homosexuellen Männer in München oder Bayern zuließen. Auch die Akten der Münchner Polizei wurden großteils vernichtet, es existieren allenfalls geringe Teilbestände im Staatsarchiv München, die bislang die Hauptquelle bilden, um Einzelschicksale der Verfolgung von männlichen Homosexuellen in München und dem ländlichen Oberbayern zu dokumentieren. Beweismaterialien wie Tagebücher, Fotos oder Verzeichnisse von beschlagnahmten Gegenständen waren in den bislang durchgesehenen Akten nur in wenigen Ausnahmefällen zu finden. Polizeiliche Personal- und Sachakten – soweit sie überhaupt vorhanden sind – waren mir noch nicht zugänglich. Insofern war die Erforschung polizeilicher Strukturen, insbesondere der Sittenpolizei, bisher nicht möglich. Ebenso lohnend wäre ein Stadt-Land-Vergleich, der anhand einer weitergehenden Auswertung der Landratsamtsakten hinsichtlich sittenpolizeilicher Überlieferung durchgeführt werden könnte. Bislang ließ sich lediglich bei einem oberbayerischen Landkreis (Miesbach) eine dichte Überlieferung eruieren.

Eine zusätzliche Quelle bilden die im Bayerischen Hauptstaatsarchiv überlieferten Monats- und Quartalsberichte der Polizeidienststellen für das Innenministerium, die eine Erstellung von Verfolgungsstatistiken zulassen. Diese konnte ich bislang nur punktuell auswerten. Die Auswertung aller Akten der staatlichen Archive unterliegt bis auf Weiteres den Fristen des im bayerischen Archivgesetz festgelegten Datenschutzes. Dadurch ist ein Teil der Akten immer noch nicht zugänglich.

3. Erschließungsbereiche

Die Quellenbestände der kommunalen und überregionalen Archive sind hinsichtlich des Forschungsthemas „Verfolgung der männlichen und weiblichen Homosexualität" erst teilweise gesichtet. Relevante Bestände fanden sich bislang im Staatsarchiv München, dem Bayerischen Hauptstaatsarchiv, im Institut für Zeitgeschichte, in der Sammlung Monacensia und in der KZ Gedenkstätte Dachau. Eine Bestandsübersicht hat noch vorläufigen Charakter, ein noch zu erstellender abschließender Quellenkatalog wäre eine unverzichtbare Grundlage für weitere Forschungen.

So wurden beispielsweise im Stadtarchiv München, für das es noch keine Quellenübersicht gibt, lediglich einzelne Quellenbestände gesichtet. Dabei zeigte sich, dass eine Untersuchung von Beständen in Archiven, die nicht

unmittelbar im polizeilichen Verfolgungskontext stehen, sehr lohnenswert
sein kann. In bislang unbeachteten Quellen wie den Gewerbeamtsakten im
Münchner Stadtarchiv konnten zuletzt eher durch Zufall wichtige Dokumente entdeckt werden, etwa zur Überwachung des von Homosexuellen
frequentierten Lokals „Zum Schwarzfischer" durch verdeckte Ermittler der
Polizei[2]. Die materialreichen Akten mit zahlreichen Überwachungsberichten
spiegeln auf unvermutet lebendige Weise das schwule Szeneleben wider,
das sich seit Ende der 1920er Jahre in München zu entwickeln begann und
von Anfang an Repressionen ausgesetzt war. Aus keinem anderen Bestand
konnte bislang das männliche homosexuelle Leben derart präzise nachgezeichnet werden.

Die NS-Razzia von 1934 setzte dem Lokalleben kein sofortiges Ende. Die
Überwachungsberichte wurden noch weitere Jahre fortgeführt, da homosexuelle Besucher weiterhin an den bekannten Treffpunkten festhielten. Treffpunkte von Lesben sowie BTI sind hingegen für den genannten Zeitraum
in München nicht bekannt. Hier gilt es, auch noch den kleinsten Spuren
nachzugehen, etwa den Dokumenten zu Künstlerlokalen, wie dem Schwabinger Café „Stephanie", das auch nach 1933 Anziehungspunkt für Personenkreise blieb, die männliche und weibliche Homosexualität tolerierten.

Hinsichtlich der Polizei-Überlieferung sind lediglich Listen, die etwa
unter dem Stichwort „Perverse Personen" zahlreiche Spielarten der sexuellen
Betätigung erfassten, spärlich erhalten geblieben. Die berüchtigten „Rosa
Listen", die verstärkt ab Herbst 1934 angefertigt wurden, konnten bislang
nur in den Polizeiakten einiger umliegender Landkreise, jedoch nicht für
München aufgefunden werden. Bislang nicht ausgewertet sind die Gefangenenbücher der Münchner Gefängnisse und Zuchthäuser, die im Staatsarchiv
München aufbewahrt werden. Die Dokumente der Kriminalbiologischen
Sammelstelle München sind bislang noch weitgehend unzugänglich. Hier ist
durch eine systematische Auswertung ein erheblicher Informationszuwachs
zu erwarten.

4. Forschung und Veröffentlichungsprojekte

Verschiedene Aufsätze dokumentieren die Verfolgung der männlichen
Homosexualität während der NS-Zeit in München, die Tendenzen der
Verfolgungsintensität in Abhängigkeit von den politischen Zielen der lokalen

---

[2] Stadtarchiv München, GA 4791, Faszikel 1 (1805–1933), und GA 4792, Faszikel 2
(1933–1941).

Machthaber wie auch der durch den Krieg bedingten Verfolgungspraxis herausarbeiten. Eine statistische Auswertung erfolgte aufgrund der geringen Zahl der Akten nicht, stattdessen haben die Autoren anhand von Einzelfällen individuelle Verhaltensstrategien untersucht, sich dem Verfolgungsdruck womöglich zu entziehen.

Stefan Heiß legte 1999 eine Analyse der Aktenbestände des Staatsarchivs München vor und hat dabei die Kontinuität der Arbeit der Polizei von der Weimarer Republik bis in die NS-Zeit herausgearbeitet[3]. In meiner eigenen Untersuchung der homosexuellen Häftlinge im KZ Dachau konnte ich auf eine Basis von mehr als 90 Prozent der Häftlingsnamen zurückgreifen und zahlreiche Berichte von nicht-homosexuellen Überlebenden auswerten, die angesichts der mangelnden primären Quellen der Lagerbürokratie ein Bild vermitteln, das die Einordnung der Rosa-Winkel-Gruppe in den „Kosmos Konzentrationslager" vorzunehmen hilft[4]. In einem weiteren Aufsatz habe ich die Fortdauer der Ausgrenzung von männlichen Homosexuellen aus der Münchner Stadtgesellschaft über die Jahrhunderte nachgewiesen[5]. Florian Mildenberger zeigte die Motive der Täter aus dem psychiatrisch-medizinischen Bereich auf[6].

Das Forum Homosexualität München – Lesben und Schwule in Geschichte und Kultur e.V. veröffentlicht seit dem Jahr 2000 mit Hilfe von städtischen Fördermitteln im kleinen Umfang ehrenamtlich geleistete Forschungen in der Publikationsreihe „Splitter". Ein größer angelegtes Forschungsprojekt mit dem Ziel einer Totalerhebung der LSBTI-relevanten Dokumente könnte das Forum zwar logistisch, jedoch nicht im vollen Umfang finanziell unterstützen. Das Forum gab als Mitautor beim Themengeschichtspfad Lesben und Schwule in München, der 2011 als kostenlose städtische Informationsbroschüre in hoher Auflage veröffentlicht wurde, entscheidende Impulse zur Darstellung der Homosexuellenverfolgung. Auf

---

[3] Vgl. Stephan R. Heiß, München: Polizei und schwule Subkulturen 1919–1944, in: Comparativ. Leipziger Beiträge zur Universalgeschichte und vergleichenden Gesellschaftsforschung 9 (1999), S. 61–79.

[4] Vgl. Albert Knoll, Homosexuelle Häftlinge im KZ Dachau, in: Invertito. Jahrbuch für die Geschichte der Homosexualitäten 4 (2002), S. 68–91.

[5] Vgl. Albert Knoll, „Wer an Mann-männliche oder Weib-weibliche Liebe denkt, ist unser Feind". Ausgrenzung von Homosexuellen im nationalsozialistischen München, in: Angela Koch (Hrsg.), Xenopolis. Von der Faszination und Ausgrenzung des Fremden in München, Berlin 2005, S. 249–268.

[6] Florian Mildenberger, Kulturverfall und Umwandlungsmännchen. Die Psychiatrie und die Homosexuellen im Dritten Reich am Beispiel München, München 2000 (Splitter. Materialien zur Geschichte der Homosexuellen in München und Bayern H. 7).

drei ausgewählten Geschichtspfaden durch München, die mit einem Audioguide begleitet sind, erhalten die Benutzerinnen und Benutzer auch über die NS-Verfolgung angemessene Basisinformationen.

5. Formen des Gedenkens

Das Forum wird mit Beiträgen über die NS-Homosexuellenverfolgung an der Ausstellung im entstehenden NS-Dokumentationszentrum beteiligt sein. Insbesondere auf der dort vorgesehenen Vertiefungsebene besteht die Möglichkeit, mit Hilfe von ausgewählten Biographien und einer Verfolgtendatenbank das Ausmaß des Vorgehens der Nationalsozialisten zu dokumentieren. Die Verschiedenheit der Verfolgtencharaktere, so wie sie sich aus den Akten herauslesen lassen – die Bandbreite reicht vom homosexuellen SA-Mann über das im einvernehmlichen sexuellen Austausch lebende Paar, über den Kleinkriminellen, den Erpresser, den Strichjungen, bis zum Universitätsprofessor – erfordert eine umsichtige Auswahl und Darstellungsweise. Der Erinnerungsdiskurs ist aber bewußt offen gestaltet, um die Vielfalt homosexuellen Lebens in München abzubilden.

Des Weiteren leistet das Forum erhebliche Unterstützung bei der Mitgestaltung eines Mahnmals für die schwulen und die übrigen LBTI-Opfer des Nationalsozialismus in München. Dieses Mahnmal soll 2014 am Ort des letzten in der NS-Zeit existierenden Schwulenlokals in der Münchner Innenstadt (Oberanger) realisiert werden. Dort werden bereits seit 2009 jährlich am 20. Oktober – dem Jahrestag der NS-Razzia von 1934 – Gedenkveranstaltungen vom Forum Homosexualität München zusammen mit der Wählervereinigung Rosa Liste durchgeführt. Diese Veranstaltungen bieten Identifikationsmöglichkeiten für Lesben und Schwule in der Gestaltung der eigenen Geschichtskultur. Wenn auch eine sehr unterschiedliche Verfolgungsintensität vorlag, so ist doch das Bewusstsein für eine gemeinsame Vergangenheit gestärkt. Die Bewahrung dieses gemeinsamen Gedächtnisses besteht auch in der Weitervermittlung an die nachkommende Generation von Schwulen und Lesben, die von dem damaligen Geschehen eine noch weitere Distanz haben. Die Gedenkveranstaltungen sollen den Charakter eines von Frauen und Männern gemeinsam begangenen und Generationen verbindenden Tages der Selbstvergewisserung haben.

Abkürzungen

AIDS	Acquired Immune Deficiency Syndrome
BDM	Bund Deutscher Mädel
BMH	Bundesstiftung Magnus Hirschfeld
BRD	Bundesrepublik Deutschland
DDR	Deutsche Demokratische Republik
DFG	Deutsche Forschungsgemeinschaft
DÖW	Dokumentationsarchiv des österreichischen Widerstandes
Gestapo	Geheime Staatspolizei
GG	Grundgesetz
HJ	Hitlerjugend
IfZ	Institut für Zeitgeschichte
ITS	International Tracing Service
JCH	Journal of Contemporary History
JHS	Journal of the History of Sexuality
KPD	Kommunistische Partei Deutschlands
Kripo	Kriminalpolizei
KZ	Konzentrationslager
KZfSS	Kölner Zeitschrift für Soziologie und Sozialpsychologie
LA	Landesarchiv
LGBT	Lesbian, Gay, Bisexual and Trans
LHAS	Landeshauptarchiv Schwerin
LSBTI	Lesben, Schwule, Bi-, Trans- und Intersexuelle
NRW	Nordrhein-Westfalen
NS	Nationalsozialismus, nationalsozialistisch
NSDAP	Nationalsozialistische Deutsche Arbeiterpartei
ÖStA	Österreichisches Staatsarchiv
ÖStG(B)	Österreichisches Strafgesetz(buch)
o. J.	ohne Jahr
o. P.	ohne Paginierung
PVS	Politische Vierteljahresschrift
RSHA	Reichssicherheitshauptamt
(R)StGB	(Reichs-)Strafgesetzbuch
SA	Sturmabteilung
SED	Sozialistische Einheitspartei Deutschlands
SPD	Sozialdemokratische Partei Deutschlands

SS	Schutzstaffel
US(A)	United States (of America)
WStLA	Wiener Stadt- und Landesarchiv
ZfG	Zeitschrift für Geschichtswissenschaft

Autorinnen und Autoren

Ulf Bollmann (1966), Diplom-Bibliothekar, Archivar am Staatsarchiv Hamburg, Vorsitzender der Genealogischen Gesellschaft Hamburg e.V.

Ingeborg Boxhammer M.A. (1962), freiberufliche IT-Trainerin und Publizistin, Bonn.

Dr. Michael Buddrus (1957), Wissenschaftlicher Mitarbeiter am Institut für Zeitgeschichte München-Berlin.

Dr. Jens Dobler (1965), Leiter des Archivs und der Bibliothek des Schwulen Museums in Berlin.

Dr. Günter Grau (1940), freiberuflicher Historiker, assoziierter Mitarbeiter der Forschungsstelle Geschichte der Sexualwissenschaft der Magnus-Hirschfeld-Gesellschaft Berlin.

Dr. Gudrun Hauer (1953), pensionierte Lektorin am Institut für Politikwissenschaften der Universität Wien, Chefredakteurin der LAMBDA-Nachrichten. Zeitschrift der Homosexuellen Initiative (HOSI) Wien.

Dr. Rainer Herrn (1957), Wissenschaftlicher Mitarbeiter am Institut für Geschichte der Medizin und Ethik in der Medizin der Charité, Berlin.

Ulrike Janz (1956), Diplom-Psychologin, Mitarbeiterin des Kompetenzzentrums Frauen&Gesundheit Nordrhein-Westfalen.

Mag. Johann Karl Kirchknopf (1978), Mitarbeiter am Zentrum QWIEN.

Dr. Ulrike Klöppel (1970), Wissenschaftliche Mitarbeiterin am DFG-Graduiertenkolleg „Geschlecht als Wissenskategorie" der Humboldt-Universität zu Berlin.

Albert Knoll (1958), Archivar der KZ-Gedenkstätte Dachau.

Dr. Dr. Rüdiger Lautmann (1935), Professor em. für Soziologie der Universität Bremen, Mitarbeiter des Instituts für Sicherheits- und Präventionsforschung Hamburg.

Autorinnen und Autoren

Dr. Christiane Leidinger (1969), freiberufliche Politologin, Berlin.

Andreas Pretzel (1961), Dipl. rer. cult., Wissenschaftlicher Mitarbeiter am Archiv für Sexualwissenschaften der Humboldt-Universität zu Berlin, Mitarbeiter der Magnus-Hirschfeld-Gesellschaft Berlin.

Dr. Claudia Schoppmann (1958), Historikerin, Wissenschaftliche Mitarbeiterin der Gedenkstätte Deutscher Widerstand, Berlin.

Dr. Michael Schwartz (1963), Apl. Professor für Neuere und Neueste Geschichte an der Westfälischen Wilhelms-Universität Münster, Wissenschaftlicher Mitarbeiter am Institut für Zeitgeschichte München-Berlin.

Dr. Corinna Tomberger (1967), Gastprofessorin für Theorie und Geschichte der visuellen Kultur/Visual Studies an der Universität der Künste, Berlin.

Stefanie Wolter M.A. (1985), Historikerin, ehemalige Wissenschaftliche Mitarbeiterin am Institut für Zeitgeschichte München-Berlin.

Zeitgeschichte im Gespräch

Band 1
Deutschland im Luftkrieg
Geschichte und Erinnerung
D. Süß (Hrsg.)
2007. 152 S. € 16,80
ISBN 978-3-486-58084-6

Band 2
Von Feldherren und Gefreiten
Zur biographischen Dimension des
Zweiten Weltkriegs
Ch. Hartmann (Hrsg.)
2008. 129 S. € 16,80
ISBN 978-3-486-58144-7

Band 3
Schleichende Entfremdung?
Deutschland und Italien nach dem
Fall der Mauer
G.E. Rusconi, Th. Schlemmer,
H. Woller (Hrsg.)
2. Aufl. 2009. 136 S. € 16,80
ISBN 978-3-486-59019-7

Band 4
Lieschen Müller wird politisch
Geschlecht, Staat und Partizipation im
20. Jahrhundert
Ch. Hikel, N. Kramer, E. Zellmer
(Hrsg.)
2009. 141 S. € 16,80
ISBN 978-3-486-58732-6

Band 5
Die Rückkehr der Arbeitslosigkeit
Die Bundesrepublik Deutschland im
europäischen Kontext 1973–1989
Th. Raithel, Th. Schlemmer (Hrsg.)
2009. 177 S. € 16,80
ISBN 978-3-486-58950-4

Band 6
Ghettorenten
Entschädigungspolitik, Rechtsprechung
und historische Forschung
J. Zarusky (Hrsg.)
2010. 131 S. € 16,80
ISBN 978-3-486-58941-2

Band 7
Hitler und England
Ein Essay zur nationalsozialistischen
Außenpolitik 1920–1940
H. Graml
2010. 124 S. € 16,80
ISBN 978-3-486-59145-3

Band 8
Soziale Ungleichheit im Sozialstaat
Die Bundesrepublik Deutschland und
Großbritannien im Vergleich
H.G. Hockerts, W. Süß (Hrsg.)
2010. 139 S. € 16,80
ISBN 978-3-486-59176-7

Band 9
Die bleiernen Jahre
Staat und Terrorismus in der
Bundesrepublik Deutschland und
Italien 1969–1982
J. Hürter, G.E. Rusconi (Hrsg.)
2010. 128 S. € 16,80
ISBN 978-3-486-59643-4

Band 10
Berlusconi an der Macht
Die Politik der italienischen Mitte-
Rechts-Regierungen in vergleichender
Perspektive
G.E. Rusconi, Th. Schlemmer,
H. Woller (Hrsg.)
2010. 164 S. € 16,80
ISBN 978-3-486-59783-7

Band 11
Der KSZE-Prozess
Vom Kalten Krieg zu einem
neuen Europa 1975–1990
H. Altrichter, H. Wentker (Hrsg.)
2011. 128 S. € 16,80
ISBN 978-3-486-59807-0

Band 12
Reform und Revolte
Politischer und gesellschaftlicher
Wandel in der Bundesrepublik
Deutschland vor und nach 1968
U. Wengst (Hrsg.)
2011. 126 S. € 16,80
ISBN 978-3-486-70404-4

Band 13
Vor dem dritten Staatsbankrott?
Der deutsche Schuldenstaat in
historischer und internationaler
Perspektive
M. Hansmann
2., durchgesehene Aufl. 2012
113 S. € 16,80
ISBN 978-3-486-71784-6

Band 14
Das letzte Urteil
Die Medien und der Demjanjuk-Prozess
R. Volk
2012. 140 S. € 16,80
ISBN 978-3-486-71698-6

Band 15
Gaddafis Libyen und die Bundes-
republik Deutschland 1969 bis 1982
T. Szatkowski
2013. 135 S. € 16,80
ISBN 978-3-486-71870-6

Band 16
„1968" – Eine Wahrnehmungs-
revolution?
Horizont-Verschiebungen des
Politischen in den 1960er und 1970er
Jahren
I. Gilcher-Holtey (Hrsg.)
2013. 138 S. € 16,80
ISBN 978-3-486-71872-0

Band 17
Die Anfänge der Gegenwart
Umbrüche in Westeuropa nach dem
Boom
M. Reitmayer, Th. Schlemmer (Hrsg.)
2014. 150 S. € 16,95
ISBN 978-3-486-71871-3

Band 19
Entspannung in Europa
Die Bundesrepublik Deutschland und
der Warschauer Pakt 1966 bis 1975
G. Niedhart
2014. 131 S. € 16,95
ISBN 978-3-486-72476-9

Bei Fragen zur Produktsicherheit wenden Sie sich bitte an:
If you have any questions regarding product safety,
please contact:

Walter de Gruyter GmbH
Genthiner Straße 13
10785 Berlin
productsafety@degruyterbrill.com